本书获得教育部人文社科基金项目
“中国家族企业治理结构自然演变的实证研究”资助

中国家族企业治理结构演变的实证研究

——生命周期的视角

AN EMPIRICAL STUDY ON THE EVOLUTION OF GOVERNANCE STRUCTURE OF FAMILY ENTERPRISES IN CHINA
—BASED VIEW OF THE LIFE CYCLE PERSPECTIVE

关 涛◎著

经济管理出版社
ECONOMY & MANAGEMENT PUBLISHING HOUSE

图书在版编目（CIP）数据

中国家族企业治理结构演变的实证研究：生命周期的视角/关涛著.—北京：经济管理出版社，2020.8
ISBN 978-7-5096-7443-7

Ⅰ.①中…　Ⅱ.①关…　Ⅲ.①家族—私营企业—企业管理—研究—中国　Ⅳ.①F279.245

中国版本图书馆 CIP 数据核字(2020)第 158501 号

组稿编辑：杜　菲
责任编辑：杜　菲
责任印制：黄章平
责任校对：陈　颖

出版发行：经济管理出版社
（北京市海淀区北蜂窝 8 号中雅大厦 A 座 11 层　100038）
网　　址：www. E-mp. com. cn
电　　话：(010) 51915602
印　　刷：唐山昊达印刷有限公司
经　　销：新华书店
开　　本：720mm×1000mm/16
印　　张：15.25
字　　数：252 千字
版　　次：2020 年 12 月第 1 版　　2020 年 12 月第 1 次印刷
书　　号：ISBN 978-7-5096-7443-7
定　　价：78.00 元

前　言

近三十年来，中国家族企业逐渐成长起来，它们在诸如解决就业、自主创新、品牌建设、活跃经济等方面发挥着越来越大的作用。然而，不少家族企业的短寿问题引人关注，也有一些家族企业正缓慢地经历着衰退或止步不前的苦恼。而在同一时期，与这些失败企业处于同一行业的部分家族企业却健康地成长起来。对这种现象的解释不外乎两种：一是市场、政策等不可控的外部环境变化使然，这是客观原因；二是这些失败企业在战略走向、研发定位、投资融资、组织运营等可控的内部管理积患所致，是主观原因。如果进一步推理，我们会发现不少内部管理积患来源于不适当的公司治理缺陷、组织设计、组织文化等因素，这些组织因素几乎都可以通过投资者类型、股权集中度、员工持股比例、管理规范性、集权/分权程度、组织效率、组织结构、应变能力、组织凝聚力、群体冲突等外显的组织特征表现出来。就此可以提出一个问题：处于成长阶段的家族企业外显的组织特征是否明显有别于衰退中的企业？

另一个引人关注的现象是，许多挣扎在衰退阴影中或已经消亡的家族企业，过去也曾有过辉煌。那些曾经推动它们成长和成熟的组织特征又是如何渐次演变的，使得过去某些保证企业活力和效率的“良性”特征成为今天加速其衰退的“恶性”特征呢？

本质上，处于衰退期的企业是不成功的企业，这意味着处于成长和成熟期的企业是相对成功的或者说是处于发展中的企业，企业一直保持成长或成熟状态而远离衰退就意味着基业长青。那么，我国家族企业在成长和成熟阶段所表现出来的独特组织特征中，哪些是“良性”的，有助于基业长青，哪些是“恶性”的，会推动企业进入衰退呢？

从实务角度看，对上述一系列高度相关的问题作科学系统的研究有助于客观地解释一些中国家族企业失败或成功的内部管理原因，也便于处在不同生命周期的企业在组织特征上相互比较，抑恶扶善，以保持基业长青。理论角度看，如果能探明发展型企业有别于衰退企业的组织特征，就可以顺理成章地提取到成功企业的所谓“良性”组织特征；如果进行大样本实证研究，把处于生命周期各阶段（包括衰退期）企业的有明显差异的组织特征按生命周期归类整理，就使横截面数据在较大程度上具有了时间纵贯的特性，因而可以从生命周期视角发现中国家族企业组织特征演变的规律性，这将有助于该领域科学研究的深化和知识积累。

产权和管理控制权是企业治理结构中的核心内容，以往文献对家族企业治理结构问题探讨主要集中在文化视角和代理成本视角等，因此本书提出从生命周期视角考察家族产权和管理控制权等企业治理结构问题。本书力图在生命周期视角下完整地、清晰地描绘家族企业产权和管理控制权的变化趋势并用交易费用理论加以阐释。本书以多个家族企业的实地访谈为主，综合运用典型案例分析和多案例逐项复制进行了探索性案例研究。

经过访谈和问卷调研，发现家族企业产权在启动期时，呈现一定程度的分散，成长期时越来越集中，到成熟期家族企业产权将逐步由高度统一向分散发展，主要形式是上市；管理控制权在启动期时有一定程度的分散，成长期时管理控制权逐步集中，成熟期时有逐渐分散的趋势，分散到职业经理人手中。此外，在案例研究过程中笔者提出三个发现：家族企业对组织规范化程度的自我认识随生命周期的演进而降低；成熟期时家族企业接受上市形式的股权分散而不接受家族外股东；员工参与度随企业生命周期的演进而逐步提升。

本书也可以为家族企业指出一些其在管理上的通病并提供一些建议：

首先，积极应对产权随生命周期的变化趋势。家族企业中凝结着创业者的智慧、汗水与期望，创业者对企业有着浓厚的感情，因此创业者不愿意稀释股权，且通常创业者对股权的维护愿望比第二代、第三代强烈得多。但由以上的研究发现可知，当家族企业发展到一定程度时，家族会通过上市形式稀释股权。因此，家族应以积极的态度应对产权的变化趋势，并为之做充分准备。当产权分散时家族能处于有利的、主动的位置。家族应在企业的管理规范化、财务制度等上下功夫，做好充分准备并有效利用这一机会进一步扩张企业版图，争取更多的社会信誉和市场机会。

其次，综合运用激励和监督有效管理经理人。经理人其实也是家族企业的雇员，对其管理方式应与一般员工的方式类似，也是综合运用监督和激励机制。但由于职业经理人的特殊性，对家族如何运用监督和激励机制要求更高。较好的做法是，利用合理的激励相容机制，促使经理人的利益和家族的利益一致，使经理人做出的决策才与家族利益最大化的决策一致。此外，合理运用内部监督和外部监督机制，内部监督成本由家族承担，而外部监督成本则由市场承担。因此家族应善于利用经理人市场和股价的涨跌等外部监督机制来降低家族管理成本。

希望本书能为中国家族企业“基业长青”出一份力。

本书是教育部人文社科基金“中国家族企业治理结构自然演变的实证研究”的结项成果，也是团队合作的结果。我的研究生沈纯、王芳和葛建成参与了大量访谈，并合作整理了所有的访谈笔录。他们也以此为研究选题依据，结合相关的访谈发现，完成了各自的学位论文。上海华谊集团的徐忠伟博士，利用自己的人际网络，为课题组收集足够的问卷立下了“汗马功劳”。在访谈过程中，MBA 学员王维进、肖广忠、王晨宇、赵麒寓等同学帮课题组牵线搭桥，联系家族企业接受访谈，为调研提供了诸多便利。

在此一并致谢！

关 涛

华东理工大学 商学院

2020 年 7 月 30 日

目　录

第一章　引言…… 001

一、研究背景…… 001

二、研究意义…… 005

三、研究方法…… 006

四、研究流程…… 007

第二章　理论背景与文献回顾 …… 008

一、生命周期理论 …… 008

二、家族企业治理结构文献回顾 …… 009

三、从生命周期角度探讨家族企业治理结构的文献回顾 …… 015

四、述评…… 017

第三章　研究设计 …… 020

一、研究对象…… 020

二、案例研究设计 …… 023

三、研究过程…… 025

四、研究工具…… 026

五、案例资料处理 …… 027

六、本章小结…… 028

第四章　研究 1：产权、决策与控制权的演变 …………………………… 030

一、公司背景及企业生命周期界定 …………………………… 030
二、典型案例分析——C 公司 …………………………… 042
三、多案例同类复制 …………………………… 051
四、讨论 …………………………… 068
五、本章小结 …………………………… 087

第五章　研究 2：人际关系、决策与激励的案例分析 ………………… 089

一、公司背景和组织概况介绍 …………………………… 089
二、公司家族性特征介绍 …………………………… 090
三、典型案例分析 …………………………… 092
四、跨案例分析 …………………………… 098
五、多案例归纳比较分析 …………………………… 115
六、讨论 …………………………… 121
七、本章小结 …………………………… 132

第六章　研究 3：产权、控制权与规范化演变规律的定量分析 ……… 134

一、理论背景 …………………………… 135
二、研究假设 …………………………… 138
三、研究方法 …………………………… 141
四、数据分析 …………………………… 147
五、本章讨论 …………………………… 150

第七章　结论 …………………………… 151

一、研究结论 …………………………… 151
二、研究贡献 …………………………… 153
三、研究不足与展望 …………………………… 157

参考文献 …… 158

附录 1　研究 1 的访谈提纲 …… 169

附录 2　A 公司访谈笔录 …… 173

附录 3　B 公司访谈笔录 …… 177

附录 4　C 公司访谈笔录 …… 184

附录 5　D 公司访谈笔录 …… 190

附录 6　E 公司访谈笔录 …… 196

附录 7　F 公司访谈笔录 …… 201

附录 8　研究 2 的访谈提纲 …… 204

附录 9　G 公司访谈笔录 …… 209

附录 10　H 公司访谈笔录 …… 214

附录 11　I 公司访谈笔录 …… 219

附录 12　J 公司访谈笔录 …… 226

第一章

引　言

治理是组织发展的最根本问题。从企业内部来看，改善企业治理有助于降低企业经营过程中的代理成本，增强管理者的责任心，提供企业可持续发展能力。从企业外部来看，改善企业治理有助于提高投资者信心，吸纳更多资本，同时也有利于降低商业活动中的腐败行为。良好的企业治理已成为一种竞争优势。我国家族企业要想在原有基础上谋求进一步的发展就要重视治理，从治理问题下手。国内外文献中讨论公司治理结构主要着眼于产权集中度、创业者和职业经理人管理控制权的变化、决策分布权等特征上，从生命周期视角下讨论公司治理结构的文章不多，本书在生命周期视角下，探讨家族企业产权和管理控制权特征，为我国家族企业发展提供有益借鉴。

一、研究背景

（一）现实背景

家族企业在世界范围内具有普遍意义，在世界经济中占有举足轻重的地位。美国学者 Colin 认为即使最保守地估计，家庭所有或经营的企业仍在全世界企业中占65% ~80% 。全世界500 强企业中有40%由家庭所有或经营。在中国，家族企业同样普遍存在。《福布斯》中文版发布的中国家族企业调查报告中指出，截至 2010 年 6 月底，沪深两地证券市场的上市企业一共有305 家为家族企业，占民营上市企业总数的36.2% ，其中有17家家族企业为沪深300 指数企业。上市家族企业的总市值为 14657 亿元，约占沪深上市企业总市值的 7% 。2009 年的平均利润为 1.69 亿元，较之民营上市企业的整体平均利润高出 14.2% 。可以看出在世界范围内，特别是在我国，家族企业在国民经济中起着至关重要的作用。

《福布斯》中文版指出，“中国上市家族企业在过去 3 年赚钱能力和成长速度远远超过上市国有企业。不过，中国民营企业刚在第一代企业家手中壮大繁荣，远未达到富过三代、家业长青”。为何我国的家族企业一代不如一代，曾经辉煌的企业如三株、巨人、爱多等，为何轰然倒塌？三株集团的倒闭是由于产品质量问题引起的危机事件，导致其整体营销体系的崩溃；巨人集团因财务状况不良而陷入破产危机，其中相当一部分是由于公司内部人员侵吞造成的；爱多集团由于内部管理混乱，经营不善而倒闭。产品质量问题、财务问题、内部管理问题等归根结底都是企业未能实现良好的治理而造成的恶果。因此，对家族企业治理结构进行研究是非常有必要的。

（二）理论背景

家族企业曾经在各国经济中占主导地位（Astrachan & Shunlcer，2003；Morck & Yeung，2004）；几个世纪以来家族企业在世界范围内普遍存在，在许多经济领域占主导地位（Colli et al. ，2003）。家族企业与一般企业主要在产权、董事会构成、管理控制、继承权等方面存在明显差异，其中产权和管理控制权是两个核心因素。

美国著名企业史学家钱德勒在《看得见的手》一书中定义家族企业：“企业创始者及其最亲密的合伙人一直掌有大部分股权；他们和经理人维

持紧密的私人关系，且保留高层管理的主要决策权，特别是在有关财务政策、资源分配和高阶人员的选拔方面。”对家族企业的定义另有：家族企业中家族影响着企业的战略方向（Davis & Tagiuri，1989）；家族控制着整个企业；家族企业是一个代代相传的，由家族控制的企业（Habbershon & Williams，1999）；家族拥有足够的所有权来决定董事会的组成，其中首席执行官或者至少有一个执行官由家族成员担任（Miller & Le Breton - Miller，2003）；家族所控制的持股比例大于临界控股比例，董事长或总经理主要由家族成员担任，家族内董事席位超过全部董事席位半数以上（叶银华，1999）；家族企业拥有全部或部分所有权，并直接或间接掌握企业的经营权（潘必胜，1998）。

从以上国内外学者给出的定义来看，对家族企业的定义随着时间的推移而不断完善。虽然每位学者对其定义的表达侧重点有所不同，但是其核心内容是一致的，均围绕着产权、管理控制权展开。所以家族企业是所有权或者对所有权的控制归一个或几个家族所有的企业，同时家族企业的所有者极力将对企业的所有权控制权传承给下一代有血缘关系的家族继承人。从家族企业的定义中可以看出家族企业治理结构的特征，核心的特征即产权和管理控制权。

在家族企业中，家族拥有足够的所有权来决定董事会的组成（Miller & Le Breton - Miller，2003），足见所有权是界定家族企业的重要标志。由于拥有足够的所有权，家族成员对整个企业的资产、影响企业发展的决策制定上有着绝对控制权。一般而言，家族为了保有对企业的主导权，会保有全部或部分所有权，这部分所有权足以保障其控制权。

管理控制权一般直接或者间接掌握在家族手中，管理控制权可以分离出家族之外，高薪聘请专业的经理人来管理家族企业。当聘请职业经理人来管理家族企业时，意味着所有权和经营权的分离。如今家族企业由谁来管理一般有三种模式：完全由家族成员来管理；聘请职业经理人，完全由经理人来管理；聘请职业经理人，由家族成员和职业经理人共同管理。家族企业一般难以割舍血缘关系，希望由家族成员管理扩展企业，因此通常采取第一种或第三种方式，很少选取经营权和所有权完全分离的模式。

家族企业治理结构问题的研究一直是企业管理领域研究的重点，以往文献对家族企业治理结构研究主要从文化视角和代理成本视角加以解释。如今随着家族企业的发展壮大，其可持续发展问题吸引了学术界越来越多的目光，将生命周期理论视角引入家族企业治理结构的研究中去，逐渐显现出其前沿性。笔者研究从生命周期视角考察家族企业治理结构的文献之后，发现以往的文献仍存在空白和不足之处。首先，这些研究主要是理论研究和二手数据、问卷调查法研究，采用实际案例加以推理、验证的文章较少；其次，这些研究只是零散地涉及生命周期的若干阶段，未形成一个系统的纵向分析过程，未将整个生命周期过程中，家族企业治理结构变化情况清晰地呈现出来，生命周期连续性较差。但以上研究表明，家族企业治理结构的确随生命周期演变呈现一定的关联性变化，在不同的生命周期形成相应的集中、分散变化趋势。

因此，本书力图从生命周期视角系统地描绘家族企业治理结构的变化趋势，通过采集可靠的一手案例资料，严格按照案例数据资料的处理过程，分析出生命周期和家族企业治理结构之间的内在联系，将其变化趋势清晰地呈现在读者面前，并运用合理的理论验证这些变化趋势的科学性。

（三）研究问题

家族企业在我国国民经济中占有重要地位，是国民经济的有机组成部分。但我国的家族企业一代不如一代，富不过三代的现象依然存在，曾经辉煌的企业轰然倒塌，这些都与企业治理直接相关，因此对家族企业治理结构的研究有其现实意义。

前人对家族企业的定义集中在产权角度和管理控制权角度。家族一般保有全部的或者部分的所有权，这部分所有权一定是足以保障其控制权的，即为临界控股权；而管理控制权一般直接或者间接掌握在家族手中，也可以分离出家族外，可以高薪聘请专业的经理人来管理家族企业。家族企业的产权和管理控制权是其治理结构的核心因素，本书主要从这两个维度来探讨家族企业治理结构问题。同时，将生命周期理论视角引入家族企业治理结构的研究中去，有其前沿性，因此本书希望通过具体描绘和分析验证这两个因素在家族企业整个生命周期中的变化情况，来呈现家族企业治理结构随生命周期演变的一个变化趋势。故本书提出的两个研究问题：

研究问题 1：随着生命周期中启动期、发展期、成熟期和衰退期的自然演变，家族企业的产权集中度是如何变化的？

研究问题 2：随着生命周期中启动期、发展期、成熟期和衰退期的自然演变，家族企业的管理控制权是如何变化的？

二、研究意义

本书的研究意义主要体现在治理和生命周期等学科领域的知识积累和现实中对企业有益的一些意见和建议。

由于以往研究将家族企业与生命周期联系起来考察的文章不多见，从家族企业生命周期角度来考察家族企业治理问题也不多，有些涉及该方面的文章并未从系统的角度将家族企业治理问题完全呈现出来，只是零散地涉及个别生命周期的个别治理维度，研究结果并未显示出一定的变化趋势。因此从生命周期视角去挖掘家族企业治理结构中的特征，进而归纳出这些组织特征随生命周期而演进的规律有其创新之处。

此外，本书试图用交易费用理论来解释以上研究问题。交易费用理论是经济学理论，运用经济学的理论来分析管理学上的问题，交易费用理论解释力度很强，其中代理理论、激励相容理论等都与家族治理结构中的产权和管理控制权联系紧密。本书研究有益于治理、生命周期等学科的知识积累。

除理论意义外，本书也能为家族企业今后的治理提供一些有益借鉴。有利于家族根据企业的不同生命周期阶段采取更合适的治理结构，有的放矢；有利于家族去正视企业治理上的一些通病，采取积极的态度、有效的措施来面对这些问题；有利于搞好搞活家族企业，克服家族企业寿命短的问题，有效延长生命周期，以保基业长青。

三、研究方法

在研究方法的选择上，本书采用案例研究方法。实验室法、问卷调研法和案例研究法等都是管理学研究中常用的方法。由于研究的主要内容是治理结构特征随生命周期演变的变化情况，一般企业的生命周期少则三五年，多则10年以上，实验室难以在有限的时间内模拟再现如此长周期的具体情境。问卷调研法可以大量采集企业的客观数据，但就本书研究的内容来看，问卷调查法局限性较大。首先，通过问卷采集的数据在生命周期上缺乏连贯性，只能反映某一时间节点情况，不能反映出连续时间节点内的变化情况，也不能反映产生这些变化的诱因，更不能反映家族在这个变化过程中管理理念和内心波动等因素的微妙变化。其次，问卷调查法的内部信度较低，通过邮寄问卷方式无法保证问卷最终填写者是否真正是研究需要的对象，无法保证对所提问题的理解和对企业情况的实际了解。因此，常用的实验室发和问卷调研法都不适合研究问题的解决。

我们在文献综述部分中提出以往的研究主要是理论研究和少许二手数据、问卷调查法结合，采用实际案例加以推理、验证的文章较少，因此尝试考虑用案例方法来研究问题，拟用一手数据的案例研究方法。通过面对面的访谈，可以为研究提供丰富的素材，这些一手素材不仅可以回答研究问题，也有可能促使研究者发现新的有价值的研究问题；案例研究内部信度高，可以克服问卷调查法的不足，保证研究资料的信度，丰富的研究资料也有利于研究问题的解决。

四、研究流程

本书的结构安排如图 1.1 所示，从爱迪斯对企业生命周期的总结和如今企业对可持续发展的需求出发提出研究问题；在文献和理论回顾的基础上建立生命周期和家族企业治理结构之间的逻辑关系；研究方法的选择、研究对象的选取和实施数据采集，即访谈提纲设计和落实访谈；在访谈的基础上进行数据编码，归纳现象，进行探索性研究并用交易费用等理论加以深入分析；最后提出研究结果，并探讨本书的实践意义和局限性。

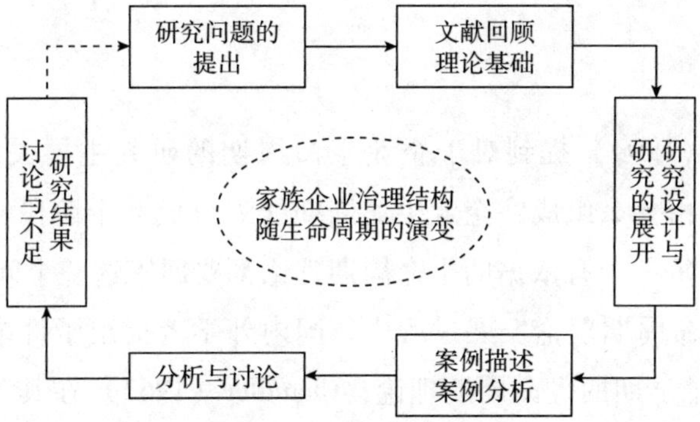

图 1.1 本书研究流程

第二章
理论背景与文献回顾

一、生命周期理论

Chandler（1994）提到对于企业生命周期的研究主要关注三个问题：企业生命周期由什么组成？企业生命周期能划分成几个阶段？各个阶段的特征是什么？每一个有依据的生命周期理论都要回答这三个问题。

在企业生命周期理论发展过程中，国内外学者提出了许多理论。Davis（1951）提出了早期的生命周期理论；Chandler（1962）在其著作《战略与结构》中将企业的发展划分为四个阶段；为人所熟知的模型是 Greiner（1972）提出的，他将企业的发展划分为五个阶段，在四阶段模型中增加了变革阶段；Churchill 和 Lewis（1983）根据企业的规模、多样性、复杂性等将生命周期划分为五个阶段；Flamholtz（1986）指出在生命周期中企业规模和企业运行机制的协调问题；Scott 和 Bruce（1987）指出一个小企业经历的周期可以划分为五个阶段，当经理人更多地采用前馈反应而不是后馈反应时，企业发生的改变较小；Adizes（1989）在其企业生命周期理论中将整个过程细分为十个阶段；Flamholtz（1990）以企业规模为标准将企业生命周期划分为七个阶段。国内涌现了一批学者，对企业生命周期理论进行了发展。陈佳贵和黄速健（1998）提出企业生命周期成长模型，通过分析企业的可塑性、发展速度、投入、建设周期、环境依赖性、业务稳定性、创新性、管理规范性、品牌形象等定性特征来判断生命阶段；李业（2000）在 Adizes 和陈佳贵的基础上提出了生命周期的修正模型；肖海林（2003）提出将企业划分为寿命极短的和可持续发展的两类来看待其生命周期等。

Adizes（1997）的名著《企业生命周期》是企业生命周期理论的奠基之作。在书中他提出，组织就像生物体一样，拥有生命周期，会经历从出生、成长到成熟和死亡几个阶段。在每一阶段都伴随竞争，克服困难，面对问题过渡到下一阶段。在这个过程中，组织要么自己学会如何处理这些困难，要么因这些“疾病”而阻碍了组织的演进。他根据企业所具有的灵活性和可控性把企业生命周期分为发展、成熟和老化三个阶段，并根据风险偏好、期望值、资金、责权、主导部门、目标导向等因素把这三个阶段细分为孕育期、婴儿期、学步期、青春期、盛年期、稳定期和贵族期、后贵族期、官僚期、死亡期。在 Adizes 模型中，企业成长的动力主要来自变迁。

从以上文献回顾来看，国内外对企业生命周期的划分方法诸多，但是各种划分方法之间存在着内在联系，离不开一个从出生、成长到成熟和死亡的阶段。企业生命周期是组织从“摇篮到坟墓”的发展过程，在研究中笔者根据组织管理的规范性程度将生命周期划分为四阶段，即启动期、发展期、成熟期和衰退期。

二、家族企业治理结构文献回顾

近年来，对家族企业治理结构分析的文献主要从各个不同的角度分析家族企业治理结构的特征，其特征分为优势特征和劣势特征，或者说是家族企业治理中存在的一些问题。

（一）家族企业治理结构优势

由表2.1可见，家族企业治理结构优势主要集中在决策、交易费用和文化资本优势。

表2.1　家族企业治理结构优势文献回顾

作者	家族企业治理结构优势
张燃等（2003）	①家族企业决策效率高 ②家族企业决策效率高，从而有效降低了管理成本
苏琦和李新春（2004）	①家族企业代理成本低 ②产权高度集中
鹿麟和王乃峰（2005）	①家族企业产权制度有利于做出对家族而言的最优决策 ②家族企业道德风险低、代理成本低 ③家族企业的血缘关系有利于形成利益共享、风险共担的企业文化 ④家族企业组织结构扁平化，决策效率高 ⑤家族企业协调成本低 ⑥家族决策更关系长远利益
苏启林和钟乃雄（2004）	①家族企业决策效率高，决策柔性高，由家族所拥有的企业比经理管理的公司在市场波动时，能更及时地调整企业战略 ②家族企业拥有强大的关系网络，能在动荡不安的大环境下有效降低企业交易成本
刘万霞（2005）	①家族成员忠诚度高 ②家族企业中两权统一，有效地避免了委托代理成本 ③家族企业家文化浓厚
向荣（2005）	①家族成员共享价值观，有效降低了企业代理成本 ②家族企业组织结构简单，决策效率高 ③相对于国有企业，家族企业产权更明晰

1. 决策优势

家族企业由于产权单一、组织结构扁平化等原因，决策过程比较简单，主要由家族商讨完成或者企业家独自完成，决策效率高，能及时抓住市场契机。家族企业一股独大情况普遍，其决策代表着家族的最大化利益，也能根据家族利益做出柔性化改变。因此，家族企业的决策具有效率高、代表家族最大化利益和柔性化等优势。

2. 交易费用优势

由于家族企业产权和管理控制权的高度统一，对职业经理人的需求相对较小，代理成本低。此外，由于家族企业的血缘纽带，家族成员间凝聚力强，组织内部的交易成本低。

3. 文化资本优势

家族企业的特征之一是成员间的血缘关系。企业的存在与发展同企业文化紧密相连。家族企业利益紧密相关、利益共享、风险共担的企业文化是非家族企业难以具备的。

（二）家族企业治理结构劣势

由表2.2可见，家族企业治理结构劣势主要集中在产权问题、人才问题、管理与决策问题、财务问题等。

表2.2　家族企业治理结构劣势文献回顾

作者	家族企业治理结构劣势与问题
张燃等（2003）	①家族企业产权不明晰 ②家族企业融资渠道有限，融资困难 ③管理粗放 ④家族企业人力资本匮乏且任人唯亲
苏启林和钟乃雄（2004）	①家族企业权力集中度高，当分歧出现时无法通过法律途径保护圈子 ②家长制管理、排斥职业经理人，限制了企业进一步发展
王志明和顾海英（2004）	利他与利己的冲突同时影响着家族企业成长
周莹（2004）	①家族观念根深蒂固 ②不信任外部经理人 ③代理成本高昂

续表

作者	家族企业治理结构劣势与问题
鹿麟和王乃峰（2005）	①家族式企业资金筹措困难 ②家族企业决策不规范 ③家族企业裙带关系影响了对职业经理人的公平选拔 ④家族企业在接班人的选拔和培养上存在困难 ⑤家族企业风险高，凝聚力低 ⑥家族企业的产权不清，运营效率低 ⑦家族企业财务管理不清晰
刘万霞（2005）	①家长制管理作风严重 ②家族企业用人内外有别，任人唯亲 ③家族企业产权界定不清晰，内部成员间易滋生矛盾
张宏伟（2005）	①代理成本高昂，主要由于信息不对称等原因造成 ②家族私人征用企业资源 ③家族内部的因裙带、血缘等出现的“照顾”现象，增加企业成本
向荣（2005）	①家族企业融资困难 ②家族实行内外有别的激励制度 ③家族伦理制度作用胜过现代企业管理制度 ④家族内部产权不清晰，如父子间
张文咏（2006）	①家族企业融资渠道单一 ②家族企业产权高度集中制约了管理控制权的完善
彭晓辉（2006）	①家族企业决策一言制现象严重 ②家族企业管理机制不健全 ③家族企业资金实力有限 ④家族企业组织设计简单
杨志龙（2007）	①家族企业决策缺乏民主商议程序 ②家族企业内部成员姿态高昂，影响经理人的内心公平感和工作热情 ③家族企业职业经理人的情感承诺低、忠诚度低 ④家族企业内部成员限制经理人事业发展，经理人职业发展空间有限

续表

作者	家族企业治理结构劣势与问题
王飞鹏（2009）	①家族企业产权结构单一 ②所有权和经营权两权合一，缺乏有效制衡 ③董事会、股东大会形同虚设 ④家族企业信任机制不完善使得优秀人才望而却步

1. 产权问题

家族企业产权上的问题主要是产权结构单一，产权主要由家族掌控，其他来源较少，抗风险能力弱。且家族成员间产权不明晰，造成权力分配不均，矛盾不断。因此家族成员间的产权关系应进一步明晰。

2. 人才问题

由于家族对职业经理人的不信任，以及家族管理方式、决策方式等原因，家族在对待职业经理人上存在一定不公平现象，如家族内外有别的用人原则，家族外成员无激励机制，造成家族无法吸纳、挽留优秀的管理人才。家族企业内任人唯亲的现象严重，导致优秀人才外流，影响家族企业的进一步扩张。

3. 管理和决策问题

家族企业管理粗放，缺乏规范化的规章制度；决策过程简单，家族掌握主导权，缺乏民主商讨过程，无法服众。

4. 代理成本问题

家族治理有代理成本低的优势，但“家庭”向这些交易增加了额外的维度，家族成员出现异心时，其代理成本极高。

（三）以往文献分析视角

对于家族企业治理结构特征的文献主要从交易费用理论、资本市场视角、法律制度视角、文化视角和企业家视角等角度分析。其中交易费用理论主要涉及契约理论、代理理论、经理人市场视角、产权理论等；文化视角主要涉及人际关系网络、信任等，企业家视角主要包括企业家能力和企业家精神等（见表2.3）。

表2.3 家族企业治理结构分析视角文献回顾

作者	分析视角
韦伯（Weber，1987）	资本主义制度
泽科（Zucker，1986）	信任视角
瑞丁（Redding，1993）	文化视角
Rabellotti（1997）	人际关系网络（文化）
Zingales（1995）	法律制度视角、资本市场视角
拉·伯德等（La Porta. et al.，1997，1998，1999）	法律制度视角、资本市场视角
Hamilton 等（1999）	人际关系网络（文化）
Burkart 和 Panunzi（2001）	法律制度视角
佛朗西斯（Francis，2001）	信任视角
波卡特和潘泽（Burkart and Panunzi，2002）	法律制度视角
何梦笔（1996）	文化视角
陈凌（1998）	文化角度、信息经济学、交易成本
李文（2002）	文化视角
胡军等（2002）	文化视角、交易费用、契约理论
李新春（2002）	文化视角
张钢和于小涵（2002）	文化视角、经济视角
马丽波（2002）	产权理论、生命周期理论、组织结构理论
储小平（2002）	经理人市场视角
李新春（2003）	经理人市场视角
邬爱其等（2003）	企业家能力视角
苏琦和李新春（2004）	代理成本理论视角
苏启林和钟乃雄（2004）	交易费用理论视角
周莹（2004）	代理成本理论视角
鹿麟和王乃峰（2005）	代理成本理论视角、企业文化视角
张宏伟（2005）	代理成本理论视角
向荣（2005）	交易费用理论视角、契约理论视角、文化视角

续表

作者	分析视角
周立新（2003）	企业家精神、企业家网络视角
乐国林、张玉利和毛淑珍（2006）	社会资本视角
梁磊和杨鲲鹏（2006）	博弈论视角
马丽波（2006）	资本市场视角
毕艳杰（2007）	经理人视角

三、从生命周期角度探讨家族企业治理结构的文献回顾

国内外文献从生命周期角度讨论公司治理结构的自然演变，着眼点集中在产权集中度、创业者与职业经理人对企业的控制权变化、决策权分布等某些治理结构特征随生命周期而变化的趋势，结论不尽相同甚至互相矛盾。陈佳贵（1995）以企业所处的生命周期来划分企业的成长类型，指出在求生存期管理工作不规范，管理有章可循和无章可循的情况同时存在；从高速发展期到成熟期，管理逐步规范化，规章制度不断完善，管理结构不断变化，由集权向分权发展。陈红芳（2003）提到家族企业四阶段管理模式，创业阶段是高度统一和集权的家长式管理模式，这个时期企业的所有权为一个投资者所有；发展阶段逐步正规化，发展或人才引进的家族式管理模式，出现一定的“授权”；成熟阶段是兼有家族式管理的灵活高效及国外先进的管理理念和管理机制的家族控股股份制公司，属于后家族式管理模式；自由进出阶段发展或股权绝对分散的上市公司，属于职业经理人管理模式。Dyer 等（2005）的案例研究发现，随着生命周期的演进，企

业所有权有从集中到分散的趋势，剩余索取权在启动阶段集中在少数创业者手中，从成长阶段往后会逐渐分散到职业经理人手中，到了衰退期则变化不定，可能更分散或更集中（许晓明和吕忠来，2002；蓝红星和陈高林，2005）。Jawahar 和 McLaughlin（2001）的案例研究与上述观点矛盾，他们发现启动和成长阶段企业所有权最分散，到成熟期，由于企业自身资本运作的驱动和外部机构投资者的介入，财产所有权会逐渐集中在少数大股东手里。薛求知和徐忠伟（2005）的研究显示，企业的重大决策权力分配与产权变化并不同步，明显随着生命周期的演变从集中走向分散；而在衰退期或变革期管理决策权可能重新集中起来（Marnet，2007；胡美琴等，2006）；李仁安等（2005）和田银华等（2007）认为处于成长和成熟期的样本企业与处于衰退期的企业相比，所有者较多地把决策权下放给职业经理人，产权结构也更分散。吴雅冰（2009）将中国家族企业内部治理模式的演进过程分为四个阶段，即家庭制企业、家族合伙制企业、壳公司制家族企业及现代公司家族企业。家庭制企业仅仅出现在企业规模小的初创期；家庭合伙制企业出现在企业的成长期。李德军（2009）通过 972 户企业大样本数据统计发现，家族企业在生命周期的发展过程中与 Adizes 模型基本吻合。由此提出了家族企业发展的两个瓶颈：一是在初创期完成后，有了一定成果，但是经营者在经营企业和掌握市场等方面还缺乏经验和知识。二是在稳定期和衰退期的转折点，企业家需要不断地调整所有权、控制权、发展战略和企业文化等使企业步入新的发展周期，而不是走向衰退。这些研究有一个共性：只讨论治理结构随生命周期的变化，而不去论证哪些治理特征是推动企业进入衰退或不可持续发展的因素。

除直接讨论家族企业治理结构演变的文献外，有些文献间接地讨论过类似问题。如研究财务风险、绩效、多元化战略、研发投入等用于衡量可持续发展的指标与公司治理结构的相关性等，研究结论也多有冲突。例如，于淼和刘建长（2008）发现家族企业在成长期试图给下属授权，激励下属，但效果不理想，产生的离心作用严重阻碍了企业的发展。科维恩（Colvin，2005）认为高管报酬过高造成企业追求风险，出现较多的重复投资行为，对长期发展不利。高雷等（2006）和武立东（2007）研究显示，高管报酬和企业绩效之间的关系不明确。金毓和焦丽娜（2007）对中国家族企业的研究证实，所有权集中于少数大股东手中的企业并未更注重企业的研发投资。希尔曼（Hillman，2005）证实增加外部董事数量可以抑制因内部人控制造成的财务风险。朱宇（2006）则认为增加内部董事有助于降低内部人控制与财务风险。肯波利等（Kimberly et. al，2010）发现要制定标准来衡量高级经理人的工作绩效，采取激励措施才能激励高级经理人努力完成企业的目标。家族企业会聘请来自家族内部的管理人员也会聘请非家族内管理人员，其激励措施不一样，效果也不同，与非家族企业相比，家族企业的优势是他们将资源投资于长期回报的项目（Miller & Le Breton - Miller，2005；Miller & Miller，2006）。戴尔（Dyer，2006）指出家族企业比非家族企业更愿意承担社会责任。另外有关对高管决策权大小（刘希普，2002）、高管任期（许晓明和李金早，2007）、员工持股比例（张越，2005；傅逸斐，2007）、机构投资者实际参与管理程度（汪忠等，2006）等因素与衡量可持续发展的指标之间的关系研究也有争议，不一而足。但有一点可以肯定，注重可持续发展的企业会有意识地改变公司治理特征，使自己的治理特征不同于其随生命周期而发生的自然演化。

四、述评

本书在文献综述过程中主要从生命周期、家族企业治理优势、劣势、分析视角等方面进行回顾，在此基础上再回顾生命周期与家族企业治理相结合的文献，以体现家族企业治理特征在各生命周期阶段的表现。

在有关生命周期文献的回顾中，前人对企业生命周期的阶段划分各不相同，有四阶段模型、五阶段模型、七阶段模型和十阶段模型等，但是各种划分方法之间存在着内在联系，离不开一个从出生、成长到成熟和死亡的阶段。

在家族企业治理结构文献回顾中，研究的重点偏向于阐述家族企业治理结构中的优势和劣势，而采用交易费用理论、资本市场视角、法律制度视角、文化视角和企业家视角等角度对以上优势和劣势进行系统分析的较少。

在生命周期视角研究家族企业治理结构的文献中，研究涉及生命周期中的启动期、成长期、成熟期和衰退期等各个阶段。但每位学者对生命周期阶段的侧重点不同且研究结果不尽相同，产权和管理控制权变化趋势略有差异，如关于启动期产权情况的研究结果就相差甚远。另有一些文献的研究考虑到了财务风险、绩效、多元化战略、研发投入等因素对家族企业治理结构特征的影响。

从研究方法角度看，学者对家族企业治理结构问题的研究主要采用的还是定性研究，定量研究相对较少。定量研究集中在对一些以财务指标为主要研究对象的文章中，而在定性研究中，文献综述形式理论推演类文章占多数，也有一些进行案例研究的文章。因此，前人的研究在定量研究和案例定性研究上的积累比综述形式的理论推演类文章要少。

对家族企业治理结构回顾的文献主要是从横向视角分析了家族企业治理结构中的优势和劣势，横向研究就某一时间范围内某一具体问题可以研究得比较透彻，但横向研究结果受时间节点影响大，如对产权集中这同一家族治理现象，不同学者得出的研究结论相差甚远。例如，王鹏飞（2009）认为家族企业产权结构单一，抗风险能力较弱；而苏琦（2005）认为家族企业产权结构单一，有利于降低其交易成本。生命周期视角在研究家族企业治理结构的文献是纵向研究。对于同一问题，进行纵向研究比横向研究涉及的研究范围大，需要花更多的时间和精力，对某一问题的专注性减弱，有些问题寥寥几笔就带过了。例如，陈红芳（2003）更关注各阶段家族企业治理的变化情况，并未对产权或其他某一具体治理问题进行深入的分析说明。因此，横向和纵向研究的文章都存在其自身的不足之处。

综上所述，以往学者的研究主要集中在理论推演类的定性研究，案例研究类的定性研究和大样本定量研究较少。同时，从研究方向来划分，家族企业治理结构的文章以横向研究的居多，纵向研究较少。因此，结合生命周期这一纵向视角对家族企业治理结构进行案例研究和大样本定量研究均能对以往的文献做出有益的补充。

第三章
研究设计

一、研究对象

本书选取的主要研究对象是家族型企业，对于企业所处的行业没有特殊规定。选取对象的判断依据基于两点：首先，企业至少是家族两代人的经营成果，已体现出家族企业继承第一的特性。即使家族的第二代还没有掌握股权，但已经在企业内供职，逐步跻身核心管理者行列。其次，家族所控制的持股比例大于临界控股比例。一般对于临界控股比例的定义是控股超过 50% 的控股权，而且国内家族企业很少愿意出让股权，所以控股权都高达 90% ~100% 。

在研究过程中，本书共进行了三个相互联系又有所区分的独立研究，分别使用了案例研究法和问卷调研法。

研究 1 主要分析家族企业产权、决策权与管理控制权随生命周期演变的规律。在该项研究中，选取了江、浙、沪三地 6 个典型家族企业进行深度访谈研究。在访谈对象的选取上，在实际情况允许的条件下，尽量选择企业的创始人、二代继承人或者职业经理人。他们对于企业的产权、治理情况、企业的发展历程有着清晰的了解，同时他们对企业也有着深厚的感情，在半结构化的访谈提纲下能详尽谈论，为研究提供丰富资源。

研究 1 的案例基本特征描述如表 3.1 所示。

表 3.1　研究 1 的案例基本特征描述

公司	行业	规模	生命周期
A 公司	电脑配件	小	启动期
B 公司	电梯	大	成长期
C 公司	房地产	大	成熟期
D 公司	电缆	大	成长期
E 公司	钢材贸易	小	启动期
F 公司	小家电	中	成熟期

之所以选取这样的案例，是因为：首先，案例的典型性。本案例是遵循典型抽样方法选取的，同时这 6 个案例涵盖了启动期、成长期和成熟期，虽未涉及衰退期但已经能表现生命周期的基本情况，且其中有两个案例已步入成熟期，其启动期和成长期两阶段的具体情况能为研究提供支持，相当于拥有了独立的 6 个启动期样本、4 个成长期样本和 2 个成熟期样本。

其次，案例的可比较性。6 个案例来自不同行业，其中 4 家属于制造业、1 家属于贸易行业、1 家属于房地产业；规模上分大、中、小，案例间有一定的异质性也有一定的同质性，案例间的可比较性强。

最后，案例的可获得性。由于研究主要集中在家族企业的产权和管理控制权问题上，合适的对象均为家族企业的创始人或者高层管理者，因此选取了能接触到的家族企业高层进行访谈。

研究 2 采用案例研究法，主要分析家族企业人际关系、决策权和激励的相互关系及演变规律。

研究2包括3家中国家族企业和1家德国家族企业，4家家族企业所处的行业、地域、经营规模和生命周期等企业属性没有特殊限制。选择研究对象的评判标准：首先，对于所有权来说，一个或几个具有紧密联盟关系的家族掌握着公司的绝大部分股权，应该占到百分之七八十；其次，在经营管理权方面，必须有家族成员参与经营管理和战略决策等，即家族成员要绝对掌握控制公司的经营管理权。我们对这4家家族性企业进行面对面的深度访谈。在访谈对象的选择上，如果实际条件允许，会尽量选择中高级管理者，他们在公司就职时间至少在1年以上，要对企业的组织运营情况有着比较全面、深刻的了解和认识，这样才能够在预先设定好的半结构化访谈提纲下顺利进行访谈，为研究提供丰富有效的资源。

研究2的案例基本特征描述如表3.2所示。

表3.2　研究2的案例基本特征描述

公司	行业	规模	性质	人际关系网络
G	化工	中	家族企业	简单
H	皮革	中	家族企业	复杂
J	纺织	小	家族企业	复杂
K	家居	大	家族企业	中等

通过表3.2不难看出，所选取的研究对象，首先，4个家族企业案例有着强烈的典型性特征。以上4个案例是通过典型抽样方法选取出来的，涵盖了组织中人际关系不同的复杂程度，包括简单、中等和复杂，基本能够表现出人际关系的差序格局特征，进而判断分析人际关系对组织协调的影响情况。

其次，几个案例的相同点、不同点相互交错，具有可比较性。4个案例分别来自4个不同的行业，地域上3家位于上海或上海周边，1家深处内地，规模上大、中、小都有，3家中国家族企业和1家外国家族企业，案例间有一定的差异性也有一定的相同性，因此，案例间的可比较性强。

最后，研究家族企业人际关系对组织协调问题的影响，必然会涉及组织运营的大问题，对于案例、访谈资料的获取性方面，合适的访谈对象均为家族企业创始人或中高层管理者。

研究3采用问卷调研，主要对家族企业的产权集中度、管理控制权、集权与分权随生命周期演变的相关性进行数据验证，具体研究设计见第七章。

二、案例研究设计

本书主要采用案例研究，试图对家族企业治理结构与生命周期的联系性进行探索性研究，首先进行典型案例研究，现象归纳，再进行多案例逐项复制，验证典型案例结果，提出最终命题。多案例的设计在研究结果上可以得到重复支持。

首先，典型案例分析。从收集到的案例中综合比较各个案例的基本特征等因素，选出一个具有典型意义的案例进行全面研究，本书选择了处于成熟期且企业规模较大和历史悠久的C公司，研究主要涉及C公司的产权、管理控制权等内容，根据产权和管理控制权的若干细分维度的现象描述，总结归纳出初步现象。

其次，多案例逐项复制。在典型案例分析的基础上进行多案例间的比较，考察其异同。在典型案例研究中主要对其治理结构在各个生命周期的特征进行编码、归纳、总结，在多案例复制时，同是家族企业的案例，以分析其共同的特征为主，分析其差异化为辅，验证典型案例分析得出的现象，并归纳出结论。

最后，竞争性解释。主要从企业生命周期理论来解释家族企业的治理结构的演变，由于案例研究外部效度较低，因此试图用规模、企业自然年龄和多元化等因素来解释治理结构的演变，并对这些具有竞争性的解释加以驳斥。

在研究信度上，提供详细的资料收集过程中使用到的访谈提纲、访谈录音、访谈整理资料、公司提供的宣传资料等，以供重复验证，提高研究过程的可靠性。

案例研究在效度上有本身内部效度高而外部效度低的问题。本书在设计时，构念效度上采用三角检验法（见表3.3）保证资料的效度；在内部效度上运用典型案例和多案例逐项复制的方法修正命题；在外部效度上用分析类推来提升其效度。

表3.3　三角检验

公司	数据来源	调查者	收集方法
A、J	一手资料、二手资料	教师1位、MBA学员2位、研究生1位	访谈、实地观察、网站资料
B、G	一手资料、二手资料	教师1位、MBA学员1位、研究生1位	访谈、实地观察、公司宣传资料、网站资料
C、H	一手资料、二手资料	教师1位、MBA学员1位、研究生2位	访谈、实地观察、公司宣传资料、网站资料
D	一手资料、二手资料	研究生1位、本科生1位	访谈、实地观察、网站资料
E、K	一手资料、二手资料	研究生3位	访谈、网站资料
F	一手资料、二手资料	教师2位、研究生2位	访谈、实地观察、公司宣传资料、网站资料

Yin（2004）指出案例研究完全依赖档案研究或者完全依赖访谈研究均有其局限性。案例研究中应合理运用多种来源的数据，虽然各种来源的

数据有其独立性，但不表示它们是完全割裂的，它们之间相互补充、相互印证。在此基础上，Yin 提出了数据收集的三角互证原则，主要涉及数据来源的不同、收集数据的调研者不同、收集数据的方法和角度不同。

本书在数据收集中严格落实三角互证原则，从来源、调查者、收集方法这些方面经过全方位的数据收集，确保收集到的数据能相互印证，保证效度。其中数据来源包括一手资料和二手资料；研究者包括教师、MBA 学员、研究生和本科生；收集方法包括访谈、实地观察、公司宣传资料和网站信息等，形成了有效的研究者三角形和资料三角形。

三、研究过程

（一）理论研究

文献资料的收集梳理，整理成文献综述并对前人的研究加以评述。根据文献综述发现前人的研究不足或者有矛盾的地方，提出本书研究问题；尽量在本书研究设计上避免前人的不足之处，想方设法加以改进。同时进行研究方法和研究工具的比较选择。

（二）确定研究工具

根据文献综述和各研究方法的比较，确定适合本书的研究方法和研究工具，本书采用半结构化访谈方式和实地观察方式获得一手案例资料，参照各公司官方网站资料和宣传文件等二手资料。在设计访谈提纲、预调研后，逐一落实访谈：访谈前查阅大量网络资源，确保对被访公司有初步的具象了解，在提问时针对性更强，也更容易理解被访者所提及的一些行业术语。

（三）访谈

走访江苏、浙江和上海三地的10家家族企业，进行深度访谈。在访谈之余进行实地厂区和产品参观，获得多家企业的宣传资料。访谈人员包括教师、研究生和MBA学员。

（四）访谈资料和文献的比对

对访谈资料进行分析研究，对其现象进行归纳，在归纳的基础上提出命题，并加以修正。随后与文献资料中的前人的研究观点进行比较，分析其异同点。

四、研究工具

本书采取的是多案例深度访谈的方式，在访谈过程中，研究人员事先精心准备了一份经过预测试的半结构化访谈提纲，依照提纲中的内容进行访谈提问。在深度访谈中采用半结构化访谈，需通过以下方式来保证半结构化访谈的信度：

（一）访谈提纲

访谈提纲经过设计后，即进行两轮预测试，根据预测试的结果修改一些问题的提法，使被访者更容易理解若干专业术语，配合访谈；同时增加若干问题，使访谈涉及的信息面更广，获取更多的资源以支持研究。

（二）访谈和资料整理过程

由多位研究者共同参与，每位研究者的长处不同，可以集思广益，对访谈提供的设计、修改提出更全面的意见，使访谈过程中的提问更具想象力，信息记录更完整。在访谈过程中，一人负责访问，两人负责记录和提出补充问题。在原始资料整理过程中，一人负责整理，一人负责复核。

（三）资料较完备

本书的资料库包括访谈提纲、现场笔记、双份访谈录音、录音整理材料和资料分析记录等，以便研究者进行检查和分析。

五、案例资料处理

在数据处理过程中，先进行典型案例内的资料分析，此过程完成后，根据案例的分类类别进行跨案例比较。典型案例资料分析步骤如下：

（一）资料的摘记

文件的建立过程分两步。第一步，按照访谈录音的时间先后顺序，将访谈内容一一记录，此过程中语言和内容不进行任何加工，记录后对照访谈时记录的笔记增补一些重要内容，此文本为最原始的 A 文本。然后根据半结构化的访谈提纲问题，将 A 文本的内容按问题归类，保存为 B 文本，此过程中也不进行任何语言和内容的加工。

（二）资料的整理与分析

对 B 文本中的内容进行编码。对原本粗略的按照问题分类的文本进行加工，将每一个问题的回答分解成若干个小单位，对每一个小单位用简练的语言加以概括，并编码。然后将经过概括编码的小单位根据其相似度、接近度进行整合，形成自然类别，其中涉及的自然类别主要是治理结构中产权和管理控制权的若干分析维度，如现产权分配情况、家族成员在企业内任职情况、集权和分权情况等。

（三）资料的重组与归类

仔细思考每一自然类别的内容，考虑类别间的联系和区别，对每一类别进行命名。审视这个过程，进行多次修正，调整不适合的小单位或者加入一些原来未分类的小单位。

（四）资料的聚焦和检定研究问题

进行初步发现的复核，进行资料主题和研究问题之间的对话，考察资料和研究问题之间的匹配程度。

在典型案例资料分析结束后，进行多案例逐项复制，多案例逐项复制过程与典型案例分析过程类似。分析出家族型企业的治理结构特征。

六、本章小结

研究对象、研究设计、研究过程、研究工具和数据处理等可以归纳到企业访谈和案例分析两个阶段中去。企业访谈阶段主要涉及访谈和数据处理等过程，如访谈提纲的设计、访谈对象选取的依据和标准、数据处理过程中的具体操作步骤等；案例分析主要分为典型案例分析和多案例逐项复制，如典型案例中的分析要素、多案例复制对典型案例分析结果的修正等。具体如图 3.1 所示。

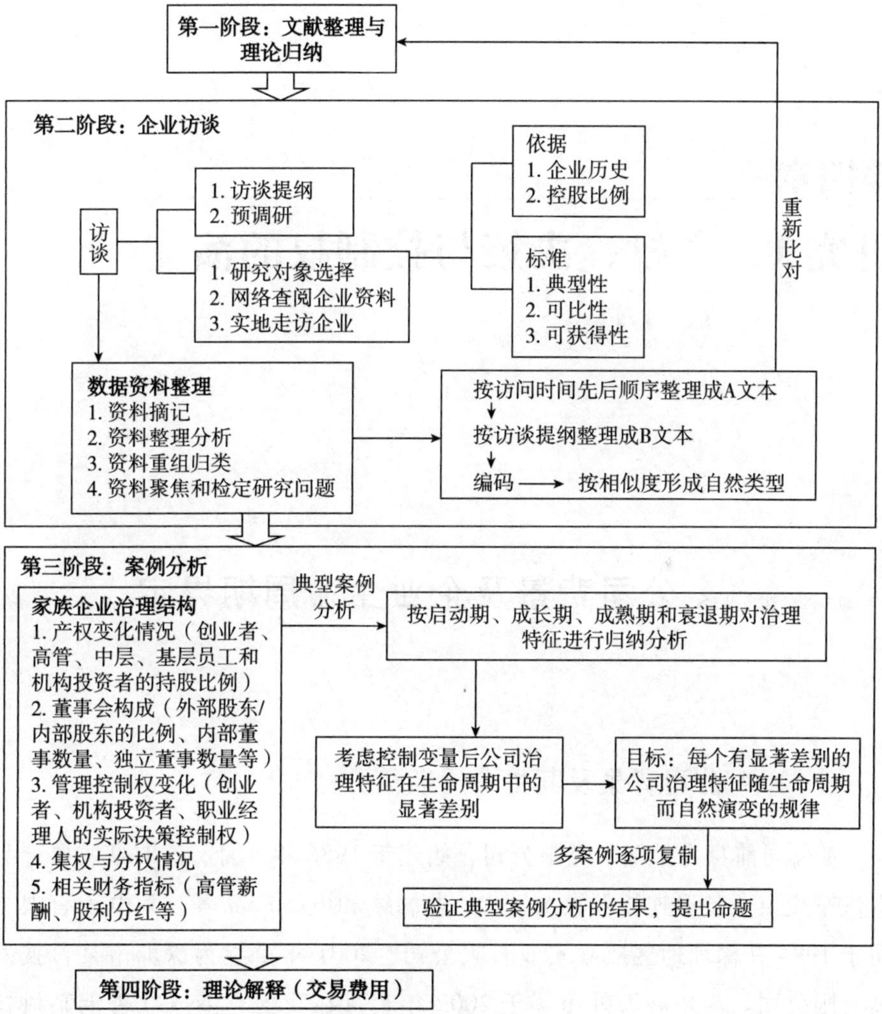

第一阶段：文献整理与理论归纳
第二阶段：企业访谈
访谈
1. 访谈提纲
2. 预调研
1. 研究对象选择
2. 网络查阅企业资料
3. 实地走访企业
依据
1. 企业历史
2. 控股比例
标准
1. 典型性
2. 可比性
3. 可获得性
重新比对
数据资料整理
1. 资料摘记
2. 资料整理分析
3. 资料重组归类
4. 资料聚焦和检定研究问题
按访问时间先后顺序整理成A文本
按访谈提纲整理成B文本
编码
按相似度形成自然类型
第三阶段：案例分析
家族企业治理结构
1. 产权变化情况（创业者、高管、中层、基层员工和机构投资者的持股比例）
2. 董事会构成（外部股东/内部股东的比例、内部董事数量、独立董事数量等）
3. 管理控制权变化（创业者、机构投资者、职业经理人的实际决策控制权）
4. 集权与分权情况
5. 相关财务指标（高管薪酬、股利分红等）
典型案例分析
按启动期、成长期、成熟期和衰退期对治理特征进行归纳分析
考虑控制变量后公司治理特征在生命周期中的显著差别
目标：每个有显著差别的公司治理特征随生命周期而自然演变的规律
多案例逐项复制
验证典型案例分析的结果，提出命题
第四阶段：理论解释（交易费用）

图 3.1　研究思路与方法

第四章

研究 1：产权、决策与控制权的演变

一、公司背景及企业生命周期界定

（一）A 公司背景及其生命周期简介

A 公司前身为某电子有限公司，始建于 1986 年 8 月，这时期主要产品有汽车线束，条形连接器，AC、DC 电源线和电线产品等。某电子有限公司于 1994 在深圳地区成立实业有限公司。2001 年重组为深圳市某科技发展有限公司。为拓展海外市场于 2002 年 8 月在我国香港成立香港某科技（国际）发展有限公司，同年成立香港某科技电子来料加工厂并建立第二生产基地。为满足长三角的客户需求，在 2004 年 12 月成立 A 公司，2007 年 4 月正式投入生产。A 公司在产品类型上改变单一生产连接器、线束的状态，如今已开发了电子线，各类二、三芯电源插头、射频、HDMI、DUI 线，电脑周边线，USB、1394、高频、LCD、PDF 连接线，AC、DC、AV 线等。将继续开发超小型连接器等系列产品，使产品更具生命力，市场格局也从原来以内销市场为主，转为着重开拓国际市场。该公司的组织规范化程度如表4.1所示。

表4.1　A公司组织规范化程度

证据举例①	简单归纳	二级条目	一级条目
管理部、市场部、工程部、品质部、资财部、生产部6个部门。经理下面，要是部门大一点有个科长，其他都是基层员工。有些部门的经理是空缺的，由科长直接代理。财务部和人事部是总经理的太太在管	组织结构上的基本部门设置都有，比较简单，存在一人任多个职位的现象	组织结构图	组织规范化程度
中层管理人员的工资是基本工资。而吴江的工厂是计时的，计时的话浑水摸鱼的人比较多。工人往那里一站，你看不到他干活，但是时间一过，你就要付钱。这样的话工人的流动率比较高，对于企业来说就很被动	计时工资制，未设计较好的约束和激励员工的制度	人事制度	
管理人员不是很重要，重要的是工人。一般会开每周例会。管理上比以前已经有很高的规范性了。从内部管理规范性上来说，今后会有局部的调整	不重视管理，自认为管理较规范	组织规范化现状的自我评价	

从A公司的组织规范化上看，一般公司应该具有的部门它都有，但是部门结构较简单，主要有部长、科长和一线员工。存在职位代理和职位空设情况，如财务和人事由一人担任。可见，A公司已经在组织结构设计上跨出了第一步，但是由于企业规模和能力上的限制，在部门设计上，非核心部门容易被忽视。A公司虽然有人事部门，但是在员工薪酬方面的设计简单，其中一线员工采取计时工资制，中层管理人员采取基本工资制，平时没有激励措施，很难稳定人员，因此员工流动率比较高。而在组织规范化的自我评价上，A公司对自己的评价相对较高。

① 证据举例来源于附录中的访谈笔录。由于访谈笔录是对原始录音访谈资料的忠实还原，里面有口语、俚语、重复等语句和病句，并采用了原始访谈时的第一人称。正文表格中的“证据举例”根据研究目的和研究内容对相应的访谈笔录中的语句作了调整，与访谈笔录中的原始资料并不会完全一致。后续正文表格中的证据举例与此相同。

A公司、研究者和第三方对该公司所处生命周期意见如表4.2所示。

表4.2　A公司所处生命周期各方意见

	公司意见	本书意见	第三方意见	综合意见
A公司	企业不在于求快求大，而是在求稳，求生存。活都活不下来，谈什么发展，要活下来，要赚钱	A公司现阶段的首要任务是求生存，对管理重视程度低，组织规范性程度低。因此认为A公司尚处于启动期	启动期	启动期

该公司处于启动期：早在1986年，A公司的前身就已成立，1994年拓展到深圳，2002年又进一步扩展业务，在香港地区建厂。2004年12月A公司的正式成立，才是A公司生命周期的起点。在这个阶段，公司生存很艰难，管理内容涉及极少，A公司去税后利润率为10%，扣除废品率后，利润为7%~8%，再扣掉一些其他项目，利润率在5%。而5%的利润在行业内是很低的，因此在这个过程中企业最主要的目的是求生存。A企业的管理模式是深圳那边搬过来的。与深圳那边的工厂相比A公司占有一定优势，一切从零开始，可以剔除深圳那边的弊病。在不同的环境下，遇到的问题也会不同。相对来讲A公司比深圳的企业难管理，成本也高。

（二）B公司背景及其生命周期阶段简介

B公司是集设计、制造、安装、改造及维保电梯的中外合资企业，具有电梯界最高级别的A级资质，是中国电梯协会会员。公司位于苏州市吴江经济开发区，处在长三角江、浙、沪三省市的中心地带，交通便利，地理位置特别优越。公司占地6万多平方米，厂房面积2万多平方米，办公楼面积8000多平方米，建有78米高的电梯综合实验塔，现有职工218人，其中工程技术人员68人。该公司的组织规范化程度如表4.3所示。

表4.3　B公司组织规范化程度

证据举例	简单归纳	二级条目	一级条目
管委会下面有部长、财务部长，制造下面有生产部长、采购部长、技术部长、车间主任，车间主任和部长是一个级别的，其他都是车间副部长、班组长等。总裁主任下面有人事，总裁办权力很大，是综合性的，其他部门都是细分的	部门设置较细化	组织结构图	组织规范化程度
首先是有一个人才的简历面试，通过主管的复核及人事部门的人事审核，确认好后再确认薪资。如果薪资超出我们的预期的，如果这个人的确是我们需要的，我们会提高薪资水平，一般我们都能协调好。现在是每天8个小时，平时一般晚上加班3个小时，周末加班双工资，节日加班三倍工资。接下来要考试，实行绩效考核	人事招聘有规范化流程，薪酬制度不单一	人事制度	
公司在管理规范性上还是不够，碰到问题很多，扯皮的很多。管理的力度不够，太讲究人性化。看到员工屡次犯同样的错误，就是下不了手。公司没有制度规定，员工犯了什么错误受到什么惩罚。员工迟到了，下不了手。以前量比较少，体现不出来	自认为规范化程度不够	组织规范化现状的自我评价	

B公司自认为在组织规范化上做得还不够，但从B公司的组织结构设计和人事制度设计上可以看出，B公司在规范化上做得较好。在组织结构设计上，B公司与A公司相比，在部门内部的职位设计上更细化，A公司的部门内部仅仅有部长、科长和一线员工，而B公司设有部长、车间主任、车间副主任和班组长等。B公司在人才招聘上设置了规范的流程，包括简历、人事和部门主管等环节的审核。在薪酬设计方面，B公司一线员工采取计时工资制，而且享受加班工资待遇，同时正逐步在设计激励工资等。B公司、研究者和第三方对该公司所处生命周期意见如表4.4所示。

表 4.4 B 公司所处生命周期各方意见

	公司意见	本书意见	第三方意见	综合意见
B 公司	从 1997 年起，少年期我不承认，应该属于青年期，明年这个时候是大小伙子	从销售额上看，相比 20 世纪 90 年代不到千万元，如今销售额已经过亿。从管理上看，公司成立董事会，注重人才。在吴江建厂后，管理规范。因此认为该公司处于成长期中后期	成长期	成长期中后期

该公司共经历了以下阶段：

启动期：B 公司朱董事长从事电梯行业 35 年之久，早在 1987 年时，朱董事长与人合作承包了一家企业，1995 年时，朱董事长独自创业，在浙江建立了企业，直到 2006 年，在吴江投产，建立了 B 公司。因此，B 公司的生命周期是从 1995 年起的，1995～2006 年是企业发展的启动期，在这段时间，企业的销售额在千万元左右，管理上比较薄弱。这期间有很长一段时间员工是没有双休日的，工资也是计件的。

成长期：2006 年 9 月 17 日在吴江领取营业执照，正式成立后就在管理上发生这些改变。此时正是公司在塑造的时候，要向大公司学习，所以第一个考虑的是人才问题，在人才上要请进来。B 公司研究生、本科生、大专生占 70% 以上。在管理上也逐步规范化，成立了董事会。2006～2010 年，公司的销售额在 1 亿元左右。

成熟期：2010 年后，企业的销售额预计能达到 10 亿元，从 1997 年起，不是少年期，应该是青年期，明年这个时候是成熟期。

（三）C 公司背景及其生命周期阶段简介

C 公司是一家以房地产为龙头，工业地产和旅游地产开发为拓展重点，集投资、酒店、旅游、农业、金融、传媒、市场开发为一体的多元化投资、多元化发展的综合型民营企业。国内投资的区域分为三大块：一是上海某投资管理有限公司和中国某投资有限公司，已在江苏投资开发昆山国际模具城，中国国际模具网、东方模具杂志，并计划在国内的天津、武汉、成都等城市开发系列模具城；二是四川某投资集团有限公司，在成都主要从事新都国际广场、商住房产开发；三是浙江区域，主要进行商品房、别墅、商用写字楼开发。该公司的组织规范化程度如表 4.5 所示。

表 4.5　C 公司组织规范化程度

证据举例	简单归纳	二级条目	一级条目
我们下面也有十多家公司，公司与它们采取合作方式。这里是一个虚拟的总部。常规的部门分公司都有，总部就没什么，就是管投资管企划	此过程中，组织结构设计已趋于完善	组织结构图	组织规范化程度
至于人才招聘方面，中层以上员工的录用与否、去留等全部由总经理来决定，分公司经理无权开除他们。管理者薪资构成是基本年薪加激励。激励完全与销售业绩挂钩。最早时只有固定薪资，最近三四年才有激励薪资	此过程中，人事制度在细化、规范化	人事制度	
在规范化管理方面，公司做得还远远不够，也在不断完善中。公司现在就有各项规章制度	规范化还不够	组织规范化现状的自我评价	

在这十几年的经营管理中，C 公司组织结构设计已趋于完善。宁波余姚是 C 公司发展的起点，一步一步拓展成拥有 10 多家子公司的集团。在余姚设立集团总部，即母公司，旗下子公司常规的部门设置齐全，每家子公司的组织结构设计模式类似，有微调。从人事制度上看，员工招聘按一般流程运行，最后由董事长亲自把关；薪酬制度上使用基本薪资和激励薪资相结合的方式。公司现在已有各项规章制度，组织设计模式已在子公司中复制使用，C 公司对自己仍严格、谦虚、谨慎，自认为在管理规范化上做得不够，在不断完善中。C 公司、研究者和第三方对该公司所处生命周期意见如表 4.6 所示。

表 4.6　C 公司所处生命周期各方意见

	公司意见	本书意见	第三方意见	综合意见
C公司	我们公司属于壮年，在起步阶段	C 公司现在很庞大，下面总共有 10 多家企业，分散在全国四五个城市，总共有三个集团公司。吴江是虚拟总部。各方面管理都有规章制度可循。因此认为 C 公司处于成熟期	成熟期	成熟期

该公司共经历了以下阶段：

启动期：1996 年，张董向亲朋好友筹得 50 万元资金，参与 15% 股份，与其他两家公司合作用于投资房地产项目。以他丰富的知识和敏锐的目光，断定房地产业的发展前景。结果，他的第一个项目让他顺利赚取了第一桶金 100 万元（净利润 50 万元），他乘胜出击，继续投资房地产业，使资金扩张成了两三千万元。

成长期：在 10 年左右的发展期，C 集团已成长为集投资、酒店、旅游、农业、高科技、金融、传媒、市场开发为一体的专业化经营，多元化投资，多元化发展的综合型民营企业。投资区域覆盖上海、天津、西安、成都、宁波、昆山、绍兴、上虞、余姚、象山等地，总投资规模近百亿元。

成熟期：C 集团虽然发展时间就短短十几年，企业还在不断成长，但是企业已处于“壮年”阶段。特别是 2007 年，集团董事会战略决策向专业传媒领域进军，现已成立或收购了三家媒体，总投资达 2000 多万元。三家媒体现在各自的专业领域已充当领军角色。

（四）D 公司背景及其生命周期阶段简介

D 公司坐落于上海市奉贤区，集团下辖特种电缆、预制分支电缆、矿用电缆、塑料等多家全资控股子公司及 20 多家委托加工、配套协作单位。

总占地面积12万平方米，建筑面积8万平方米，人员1000余人。其中高级工程师10名，中级以上技术人员118人，是一家集研发、生产与销售为一体的电线电缆高新技术专业性集团公司。D公司的电缆产品有50多个品种，6000多个规格，年产值达数十亿元。产品销往全国各地及出口俄罗斯、蒙古、朝鲜、越南、欧洲、东南亚、非洲等十多个国家与地区，综合实力位居中国机械500强、中国电线电缆20强、中国制造业500强、上海企业100强。该公司的组织规范化程度如表4.7所示。

表4.7　D公司组织规范化程度

证据举例	简单归纳	二级条目	一级条目
主要组织结构设计是董事长加6个副总，其中包括我和我弟弟，还有技术、生产、财务和行政	有基本的职能部门	组织结构图	组织规范化程度
聘请一个人员的话，首先是部门，由人事专员招聘，人事部考核，部门经理考核，副总签署意见，总经理审批。不管是基层还是高层，至少要到副总这个环节。有四五个家庭内部的人在企业里，算是中层干部，也有在基层的。在薪资待遇上，家庭内部的人和外面聘请的人差不多，还是以能力看人。甚至说中层干部里面，家庭内部的人比外面聘请的人薪资要低。因为家庭内部的人学历可能没有外面的人高，其实还是和我们的薪资规范有关	人事招聘流程规范。薪酬制度未对家人开绿灯	人事制度	
我们在规范化上还是不够完善的，但是我们正逐步努力在完善，年年完善，天天完善。每一天有一些进步。同时每一天也发现原来做的事情是不对的、不恰当的。随着社会的改变、人员素质的改变、产品的改变或者是行业形势的改变，包括金融危机带来的影响，那时时刻刻都在改变	自觉规范性不够	组织规范化现状的自我评价	

D公司也自觉在组织规范化上做得不够，但其在组织结构上已具有基本的部门，且从职位名称设计上可以看出成长期的企业已经在“部长”上设有“副总”，“副总”意味着更高的身份和更高的权利。D公司在员工招聘上遵照人事专员、人事部、部门经理和副总等流程，更难能可贵的是，D公司在家族成员和非家族成员的薪酬上做到一视同仁，按照能力来设计薪酬。D公司、研究者和第三方对该公司所处生命周期意见如表4.8所示。

表4.8　D公司所处生命周期各方意见

	公司意见	本书意见	第三方意见	综合意见
D公司	我们公司还是民营企业的很小很年轻的一个小孩。将我们的企业比作人的一生中的某个阶段的话，我觉得是小学生	D公司在2009年从结构上调整，更名为某电缆有限公司，业务分为几大块；2010年具体落实每一块。可见D公司正逐步规范。因此认为D公司处于成长期中前期	成长期	成长期

该公司共经历了以下阶段：

启动期：公司于2004年成立，之后，陈董通过收购的形式，收购了上海一家叫作恒通电缆厂的，将旧的电缆厂品牌整合。然后统一叫××电缆有限公司。

成长期：公司的飞跃点，具体来讲，2008年不算，要算的话应该是2009或2010年，现在这个时间。2009年从结构上将公司变成××电缆有限公司，分为几大块，这是公司2009年对企业结构的一个调整。2010年呢，是具体实施这个阶段，每个产品在2010年具体操作起来。

总体来讲，将企业比作人的一生中的某个阶段的话，总经理认为还是小学生。虽然公司的产值已经超过10亿元，但是总经理认为本企业还是很年轻。

（五）E 公司背景及其生命周期阶段简介

E 公司是创建于 2005 年，以经销船用钢板、低合金板、桥梁板、锅炉板、容器板等钢材为主营范围的贸易型企业。公司规模不大，员工人数在 10 人左右。但 E 公司本着“质量第一，诚信务实，开拓创新，共创双赢”的经营宗旨，以市场为导向，以顾客为中心来经营，前景广阔。该公司的组织规范化程度如表 4.9 所示。

表 4.9　E 公司组织规范化程度

证据举例	简单归纳	二级条目	一级条目
我们属于传统型企业，等于职能型企业这种管理结构。我下面还有一个人帮我一起管理，他是副总，他下面就是各个部门，财务、采购、业务	部门设计简单	组织结构图	组织规范化程度
我们没有人事部，其他的部门带着做人事，招人的话我聊得比较多，其实我一直让下面的人做这个工作，但是他们不愿意做，他们会这样，说这个人有这个问题那个问题，要显示出他们有发现问题的能力	没有人事部	人事制度	
我们公司的制度还是蛮规范的，我写了一本，然后发给副总每人一本	自认为规范性高	组织规范化现状的自我评价	

E 公司的组织结构简单，主要有总经理、副总经理和财务、采购和业务 3 个部门，这与 E 公司的规模和贸易方式有关，E 公司规模小；而且是贸易型的公司，不做实业，因此不需要大批的操作工人。E 公司还没有设立人事部门，因此招聘员工时的面试工作主要由总经理担任。但 E 公司认为自己的组织规范化程度较高。

E 公司、研究者和第三方对该公司所处生命周期意见如表 4.10 所示。

表 4.10　E 公司所处生命周期各方意见

	公司意见	本书意见	第三方意见	综合意见
E 公司	我们公司属于幼儿期，在起步阶段	公司规模小，人员不足 20 人。职能部门设立简单，大部分事宜由总经理直接处理。因此认为 E 公司处于启动期前中期	启动期	启动期

该公司处于启动期：公司属于幼儿期，在起步阶段。公司是 2003 年的时候董事长和同行业的朋友一起在上海创立的，2005 年董事长自己成立了公司，且在外地（江西九江）有 1 家分公司，也是做钢材贸易的，原来是一个朋友邀请一起弄的，现在不是合伙人的关系，现在是董事长家自己在做。

（六）F 公司背景及其生命周期简介

F 公司创建于 2001 年，注册资金 250 万美元，是一家集研发、制造、服务于一体的小家电企业。公司占地 6 万多平方米。现有员工近 1000 人，其中研发人员和中高级管理人员 100 余人，公司年产量 600 余万台，产品远销欧、美、亚、非等 70 多个国家和地区。2003 年，公司全面推行了 ISO 9001 国际质量管理体系和生产现场 6S 管理法，强化品质管理，实施以用户为中心的全方位服务战略；2004 年，公司又导入财务、物流信息管理系统，逐步建立起完善的现代企业经营管理模式。2007 年，开始了 ISO 14001 及 ISO 18001 的申报工作。该公司的组织规范化程度如表 4.11 所示。

表 4.11　F 公司组织规范化程度

证据举例	简单归纳	二级条目	一级条目
主要是总经理和几位副总	有基本职能部门	组织结构图	组织规范化程度
招聘一线员工这个比较简单，人力资源找人，员工内部文件处理就行了，不用我操作。中层的人员是由总经理来把关	人事招聘流程规范	人事制度	
相对的话，2006 年、2007 年应该，管理稍微有一点相对正规	自认为组织规范性不高，只能说相对有些规范	组织规范化现状的自我评价	

F公司在基本职能设计上相对比较完善，人事制度上也在不断完善中，开始为各个岗位设计工作说明书，对不同工种的员工设计不同的薪酬制度，如对模具工人适用计时工资，其他普通操作员工适用计件工资等。F公司对自我规范化上很谦虚，有很多地方需要改进，只在2006年、2007年时规范性上稍正规。F公司、研究者和第三方对该公司所处生命周期意见如表4.12所示。

表4.12　F公司所处生命周期各方意见

	公司意见	本书意见	第三方意见	综合意见
F公司	在我看来还是一个小学生的程度。反正现在我的想法，幼儿园已经过了，小学生差不多	已建立厂房，员工人数近千，规模不小。管理上聘请过职业经理人，也一直在请咨询公司做一些管理上的设计。因此认为F公司处于成长期中后期	成熟期	成熟期

该公司共经历了以下阶段：

启动期：F公司创建于2001年，刚开始创业是极为辛苦的，董事长租用废旧的校舍，十几个工人，开始了创业之路。

成长期：2001年10月份买了10亩地，建了厂房，这里才有了自己的厂房。2002年产值马上上升到4000万元，人员也慢慢增多，管理人员也多了，有需求就去聘请。

成熟期：公司逐步导入财务、物流信息管理系统，逐步建立起完善的现代企业经营管理模式。2005年以后就一步步上来。购买了75亩地，建立了如今的厂房，是2007年1月1号搬进来的。

（七）总结

从以上6个案例企业所处的生命周期来看：A公司和E公司尚处在企业发展的启动期，求生存的起步阶段。D公司处于成长期，公司规模在不断地壮大，日新月异，而B公司同样处于发展期，但B公司已处于成长期期的中后期，即将跨入成熟期。C公司和F公司，在公司的规模和管理制度上都相对成熟，C公司在业务领域呈现多样化。

经过对这6家企业组织规范性的分析发现，A、E两家处于启动期的企业对自己公司组织规范化程度的评价较高，反而B、C、F三家处于成熟期或者即将处于成熟期的企业对自己公司的组织规范化程度评价较低。因此，笔者提出以下发现：

发现1：*随着家族企业生命周期的演进，为何企业对自我组织规范化评价越来越低？启动期的家族企业认为其自我组织规范化程度高，反而成熟期企业认为其自我组织规范化程度低。*

二、典型案例分析——C公司

（一）选择典型案例——C公司

综合比较实地走访的这6家企业，B、C、F三家企业成立时间早，已有10年左右历史，生命周期跨度较长，特别是C、F两家企业经历过启动期、成长期和成熟期，其他三家企业成立时间短，只涉及个别生命周期阶段（见表4.13）。

表4.13　各公司历史、规模等比较

公司	A公司	B公司	C公司	D公司	E公司	F公司
成立时间	2004年	1997年	1996年	2004年	2005年	2001年

续表

公司	A 公司	B 公司	C 公司	D 公司	E 公司	F 公司
员工规模	100 人	200 ~ 300 人	几千人	1000 人以上	20 人左右	1000 人
产值规模	未提及	1 亿元	10 亿元	10 亿元	未提及	2. 6 亿元
有无子公司	是子公司	有	有多个	无	无	无
生命周期	启动期	成长期中后期	成熟期	成长期	启动期	成熟期

在 B、C、F 三家企业中，在人员规模和产值规模上，C 公司比其他两家更胜一筹，已经步入成熟期，而且拥有多家子公司，在探究其家族企业治理结构问题上更具典型性，因此选择 C 公司做典型案例分析。

（二）C 公司——产权情况

从表 4. 14 的实际产权分配情况看，从启动期到成熟期，C 公司产权经历了从略微有些分散到高度集中的过程。在这一过程中出现两次分配：第一次是与家族外成员间的分配；第二次是家族成员间的再分配。

表 4. 14　C 公司产权情况

证据举例	简单归纳	生命周期	二级条目	一级条目
我们公司原来还有一个占 16% 公司股份的股东，现在也离开了	董事长 84%，一股东 16%	启动期	现产权分配情况	产权
当时我本可以 100% 持有公司所有的股份，当时给予弟弟妹妹各 5%，主要是考虑想让他们有一个更好的生活	董事长 100%	成长期		
我们是一个以我为主的家族企业。我占有 90% 的股份，弟弟、妹妹分别占有 5%	董事长 90%，弟弟妹妹各 5%	成熟期		

续表

证据举例	简单归纳	生命周期	二级条目	一级条目
小孩，现在我已经送他到美国读书去了，小孩子我肯定要这样做，不一定到我企业来，但是公司的顶端肯定给他，他也不一定做我这个行业，可以让他做股东，做自己喜欢的行业，我也不可能勉强他	希望有子女继承并积极培养子女	启动期 成长期 成熟期	子女继承问题	产权
我们公司原来还有一个占16%公司股份的股东，现在也离开了。由于合作过程中出现很多扯皮现象	后悔将股权分配给外人	启动期	产权在家族外成员中的分配意向	
一个别墅投资项目，一年的销售额5亿元，我们公司有着50%多的股权，这个项目很好，但是因为我当时选了两个合作伙伴，他们拥有百分之十几、二十几的股份，股份份额总体比较小，因为让他们当老董，拥有的操作权度过大，加上我们集团公司业务繁忙，这样就造成这个项目变相失控，这样对我们公司就变成一件很头痛的事情	后悔在单个项目的合作上分股权给外人	成长期		
但是我们还是觉得，我们家族，我们兄妹三个还是很稳定的。我们核心企业就是要成为家族企业，职业经理人是没有股份的，原则上也不允许他们参股。如果要股份，这个职业经理人我宁可不要，自己再找一个。顶端就靠我们兄妹三人，我们自己认为控制不了的话，就会以股权去上市，上市公司相当于把公司卖给公众	拒绝和排除分配股权给外人	成熟期		

与家族外成员的分配出现在启动期，董事长掌握84%股权，一股东掌握16%股权。C公司在启动期股权略微有些分散主要与其创业背景有关。

1996年，董事长向亲朋好友筹得50万元资金，与两家公司合作投资房地产项目，这个项目让他顺利赚了100万元。可见在创业初期，董事长白手起家，在资金有限的情况下吸纳了一位小股东。

家族内成员间的再分配出现在成熟期。随着公司的壮大、实力的增强，在成长期董事长收回了所有股权，100%控股。董事长对房地产的独到眼光和不懈奋斗使C公司成长为拥有多家子公司的集团公司，领域涉及房地产、模具、旅游等。此时，董事长并未忘却一路上支持他的家人，强烈的家庭责任感和对家人的高度信任感促使他决定将股权在家庭内再分配，给弟弟妹妹每人5%。董事长让弟弟妹妹持股，很好地营造了一种主人翁的心态，让弟弟妹妹觉得，自己不再是为哥哥在打工，是在为自己奔波忙碌，为家族奔波忙碌。董事长授人以鱼不如授人以渔的豁达心态将这个家族凝聚在一起，始终手足情深，共同创造财富。股权在兄妹三人中的微调并没有影响整个家族的控股权，仍100%控股。

启动期由于资金限制和成熟期对于亲情的顾念使得C公司两度出现股权的略微稀释，从家族控股权角度看，C公司的产权随着生命周期的演进集中度越来越高，且启动期的分散程度很低。

总体来说，在子女继承问题方面，董事长希望由子女继承并积极培养子女，即便是子女将来不愿意参与企业的管理，仍是将产权留给子女。但是在启动期和成长期这个问题涉及不深。因为那段时间，孩子年纪小；董事长也正当年，并未深刻考虑过这个问题。如今，随着孩子年龄的增长和公司事业版图的不断扩张，董事长在有意识地培养自己的子女，将子女送出国门，接受国外的先进教育。

在将股权分配给家族外成员的意向上，由于曾经多次出现合作不愉快现象，董事长一直是拒绝和排斥的。在启动期，由于资金限制，不得不让外人参股。当时机成熟时，董事长果断收回了所有股权。在成长期，C公司在单个项目上尝试过与人合作，C公司有着50%以上的控股权，但是由于多方面原因，将更多的控制权让渡给合作者，导致了项目以失控收场。这件事情对董事长与他人通过股权形式合作的信心打击很大，万分懊悔。

至今，在对这个问题的看法上，董事长坚定地认为自家的兄弟姐妹才是稳定的，核心业务一定要掌握在自己人手中；当管理上捉襟见肘时，可以接纳职业经理人，但是在股权上绝不松口，不予考虑。

“顶端就靠我们兄妹三人，我们自己认为控制不了的话，就会以股权去上市，上市公司相当于把公司卖给公众。”这句话给我们提供一个信号，C公司在将股权分配给家族外成员时吃过亏，血淋淋的教训使得他们坚定地拒绝和排斥分配股权给家族外成员，但是他们却愿意上市！上市意味着将股权卖给大众，同样是将股权稀释到家族外部。也就是说，在企业生命周期演进的过程中，C公司拒绝并排斥将股权分配给家族外成员，如具体的张三或李四；但是在潜意识里接受上市这种形式。

从启动期到成熟期，C公司产权经历了从略微有些分散到高度集中的过程，且启动期的分散程度低；在子女继承问题方面，C公司希望有子女继承并积极培养子女；在企业生命周期演进的过程中，C公司拒绝并排斥将股权分配给家族外成员。综合以上信息，结合第一章引言中提出的“研究问题1：随着生命周期中启动期、发展期、成熟期和衰退期的自然演变，家族企业的产权集中度是如何变化的?”，归纳出以下现象并提出一个发现：

现象1：随着家族企业生命周期从启动期演进到成熟期，其产权越来越集中。

发现2：家族企业拒绝并排斥将股权分配给家族外成员；但是在潜意识里接受上市这种形式。

（三）C公司——管理控制权

C公司的管理控制在不同生命周期阶段掌握在家族手中（见表4.15）。由于对启动期的具体情况了解得不透彻，只能从“公司原来还有一个占16%公司股份的股东”判断出，当时由董事长和这位股东共同经营，控制权孰强孰弱不得而知。成熟期与成长期情况类似，一般情况下，由董事长兄妹三人管理，辅以部分职业经理人。当母公司的管理控制鞭长莫及时，

C公司才会考虑在一些次要的、非核心的项目上借由个别合伙人来合作管理。

随着C公司生命周期的演进，家族成员越来越多地进入公司。创业初主要依靠有能力有想法的个人单打独斗，家族成员在资金和精神上支持。C公司董事长在向家族成员集资50万元后，依靠自己对房地产市场的敏锐触觉，挖得第一桶金。从成长期到成熟期，越来越多的家庭成员进入公司，按能力安排职位。董事长对家族成员的信任和家族成员对公司的忠诚度形成良性循环。董事长对家族成员的信任主要表现在两个方面：给弟弟妹妹各5%的股份且能力弱的人也养着。这两个举动看着似乎对董事长个人是一种经济上的损失，换来的却是整个家族的忠诚，正如董事长所说的“你碰到困难时，整个家族也会全力支持你”。

在处理职业经理人问题上，C公司经历了凡事亲力亲为，家人辅助管理、引入职业经理人、监控职业经理人等阶段（见图4.1）。

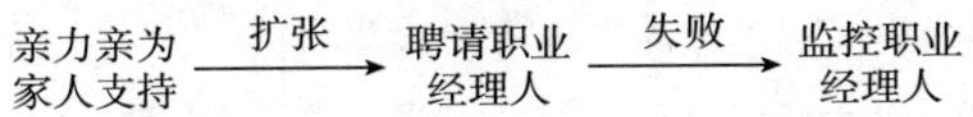

图4.1　C公司的职业经理人策略

由于企业规模、业务量的不断膨胀，创业初期企业家靠个人努力拼搏，公司上上下下、大小事务一把抓的管理模式已经满足不了处于快速成长期企业的需求了。在地理上，C公司从宁波余姚起家，在浙江地区成立了5家子公司；随后进一步向长三角地区扩张，分别在上海和苏州成立子公司；之后凭借多年积累的从商经验，敏锐地发掘四川地区的无限商机，逐步在重庆建立了7家子公司。从余姚到浙江，从浙江发展到长三角，从长三角将目光瞄准全国，单凭家族的亲力亲为已经难以应付如此广袤的地域跨度。在业务领域上，以房地产起步，逐步涉足模具、旅游、服饰、园林绿地、传媒、建筑等行业。行业跨度大，各行业所需的专业背景不同，单个家族更是难以应付。因此，集团高速扩张，促使C公司不得不瞄准职业经理人市场，挖掘合适人才。

表 4.15　C 公司管理控制权

证据举例	简单归纳	生命周期	二级条目	一级条目
我们公司原来还有一个占 16% 公司股份的股东，现在也离开了	董事长与另一位股东共同管理	启动期	管理控制权现状	管理控制权
像外面的公司，主要是因为业务扩张，可能使得母体公司在管理控制方面鞭长莫及，在这个时候，考虑加入合伙人，但是合伙人这些公司都是外围的，而非核心企业	董事长管理，在具体项目上有合伙人参与	成长期		
我们这个主体公司的股东就我们兄妹三人，像另外的一些项目公司，那可以请其他人一起来合作。我们自己能做的就尽量自己做，做不了的就会寻找合伙人	董事长管理为主，弟弟妹妹辅助管理	成熟期		
另外，我在创业当中，必须有他们的支持	需要家人支持	启动期	家族内成员任职情况	
当我挖得公司第一桶金时，当时就考虑给予弟弟妹妹一定的股份，能够保证他们有一个稳定富足的生活	家庭核心成员具有一定的管理地位	成长期		
能力弱的人也养着，养起来了相当于承担了家族的社会责任了，那你碰到困难时，整个家族也会全力支持你。亲属进入我公司的太多了。应该说会给予他们更多的机会。他们对公司会比较忠诚，但是能力方面，就各有千秋了，“用人所长”，而且用他们，我也是很放心的	越来越多的家庭成员进入公司，按能力安排职位	成熟期		
最初我亲力亲为	个人拼搏，未考虑经理人	启动期	聘请职业经理人意向	
后来再到让职业经理人来管，结果……就比如我们成都的公司老总，就曾经将项目弄得一塌糊涂，后来就将他撤去	尝试请职业经理人，以失败告终	成长期		

续表

证据举例	简单归纳	生命周期	二级条目	一级条目
现代企业制度强调所有权和经营权分离，这一点，我个人认为是完全错误的，完全是职业经理人自己搞出来的一套虚无缥缈的东西，你说经营权和所有权分离后不就是像国有企业一样嘛，国有企业就是经营权和所有权分离，这是完全错误的，而且中国的职业经理人往往将这点看作圣经似的，因为这一点对他们是有利的。经营权和所有权一旦分离，中国人的道德操守加上法律制约等问题，这在中国根本就靠不住	排斥职业经理人，不信任职业经理人	成熟期	聘请职业经理人意向	管理控制权

职业经理人的失控案例使得C公司不得不考虑如何监控职业经理人。C公司从失控案例中获得经验教训：职业经理人的信托责任缺失，人在巨大的利益面前，道德操守和法律制约等问题都跑到九霄云外去了。所有权和经营权相分离，在国有企业就造成腐败问题，在民营企业就造成管理层操纵失控。董事长认为职业经理人完全有可能受贿，因此提出严厉监控和激励两种措施。公司聘用的职业经理人的职位权力的自由度不大，通过权限设计来制约他。职业经理人的激励方面，如上海的一个项目，承诺给职业经理团队20%的利润分成，薪资结构就是年薪加奖励，但没有股权。

通过管理控制权现状、家族内成员在企业任职情况和聘请职业经理人意向三个维度可分析C公司管理控制权，鉴于集权和分权是管理控制权中重要的一部分内容，同时也是家族企业治理中较有特色的一点，笔者将集权和分权单独分析，从一般决策、财务决策和人事决策三个维度来考察家族企业集权和分权情况。

（四）C公司——集权与分权

C公司决策权集中度几乎没有变化。聆听员工的意见和采纳员工的意见，一致程度低。C公司倡导员工畅所欲言，提出自己的意见和建议，普通员工和管理人员的视角不同，大家集思广益，能发现更多问题，提出更好的意见。但采纳员工意见要视情况而定，最终决策权在董事长手中（见表4.16）。

表4.16　C公司集权和分权情况

证据举例	简单归纳	生命周期	二级条目	一级条目
在听取下属意见这方面，从以前到现在没有放宽松些。现在和原来相比，决策方式基本上没有什么变化	集思广益，最终董事长拍板	启动期	一般决策	集权与分权
		成长期		
当极少人同意我的意见时，我肯定听从我自己的意见。即使没人支持我的意见，我也相信自己，他们的意见我只会参考。我们公司开会我经常强调，大家要畅所欲言，为公司做贡献，但是采不采纳是我的事情。我认为正确的会坚持，当然我认为大家都是非常理智的，意见不同只是由于考虑角度和层面不同，可以有不同的意见，而且我也是这样要求下面的公司老总的	集思广益，最终董事长拍板	成熟期		
无描述	无描述	启动期	财务决策	
		成长期		
而对于各分公司的老总，5000块以内可以授权签字批准，5000块以上则要经过公司总部财务总监审核批准然后再报销。各分公司的总经理对于下属则无权授权	授财务权给财务总监。授权程度低	成熟期		
公司从成立到现在，人事权其实在收紧，我觉得人事权这方面要控制好，对于公司而言还是安全第一、稳定第一	比成熟期松	启动期	人事决策	
		成长期		
而至于人才招聘这方面，中层以上员工的录用与否、去留等全部由我个人来决定，分公司经理无权开除他们	人事权紧	成熟期		

C 公司财务权和人事权在成熟期略有放松，但幅度不大。子公司负责人有一定额度的财务授权，基层员工聘用开始放权。

综合上述内容，包括管理控制权现状、家族内成员在企业任职情况、聘请职业经理人意向和集权分权情况等，C 公司的管理控制在不同生命周期阶段掌握在家族手中。启动期初期，由于其他小股东的存在，产权有一定程度分散，故管理控制权也存在一定程度的分散；随着小股东的退出，管理控制权逐步集中；企业扩张到一定程度，不论能力高低，当家族成员大部分在企业任职时，仍不能满足管理需求，此时不得不引进职业经理人，管理控制权又一次分散。但职业经理人的权利有限，重大决策、财务、人事决策权都由董事长过问，最终以董事长的意见为主。因此，结合第一章引言中提出的"研究问题 2：随着生命周期中启动期、发展期、成熟期和衰退期的自然演变，家族企业的管理控制权是如何变化的?"做出以下现象总结：

现象 2：家族企业管理控制权在启动期中前期逐步集中；启动期中后期到成长期中后期产权高度集中；成长期后期又一次出现分散。

三、多案例同类复制

（一）产权所有情况

1. 当前产权情况

产权所有从各企业产权现状、对子女培养和继承问题和将产权分配给家族外成员的意愿三个维度来考察各公司的具体情况（见表 4.17）。

（1）处于启动期的 A、E 两家公司。A 公司的情况比较笼统，没有收集到明确的股权分配情况，但由董事长和他大儿子掌握股份可以看出，股

表 4.17　各公司当前产权情况

证据举例	公司	生命周期	二级条目	一级条目
董事长和他大儿子掌握股份	A 公司	启动期	看产权分配情况	产权
现在的股东是我和我妈，我妈占 60%，我占 40%，实际上公司的钱我还是没什么支配权力	E 公司			
吴江的公司是中外合资的，中方是老板自己占 75% 的股份，外方是老板的儿子，占 25% 的股份。其实是家族企业，在程序上是中外合资企业	B 公司	成长期		
股权还是归我父亲所有，从形式意义上我们还是受聘的，给父亲打工	D 公司			
我们是一个以我为主的家族企业。我占有 90% 的股份，弟弟、妹妹分别占有 5%	C 公司	成熟期		
总经理 100% 控股	F 公司			

权掌握在这个家庭之内。E 公司的主要股东是总经理和她妈妈，E 公司的股权在母女间存在一定的分配比例，其实这 40% 可以看作是母亲对女儿的一种赠与，一种工作上的鼓励和认可，这种赠与和鼓励是建立在直系血亲基础上的，窥其本质，E 公司的产权仍属于这个家庭。但是在 B、C 两公司启动期，都短暂地出现过合伙人，如 B 公司“最初 4 个老板拼的，慢慢地后来变成我一个人的”，C 公司“最初有个 16% 的股东”。因此家族企业在启动期初期由于合伙人的存在，产权有一定程度的分散。

（2）处于成长期 B、D 两家公司。D 公司处于成长期中前期，股权由父亲掌握，但业务上的管理主要靠两个儿子，总经理也戏说自己是给父亲打工的。这家企业情况很明显，产权牢牢掌握在第一代创业者手中。B 公司处于成长期中后期，从形式上看是一家中外合资企业，国内由董事长控股 75%；海外由董事长的儿子控股 25%。这家企业的股权分配由企业的性质决定，企业的创业者巧妙地让儿子成为海外出资人，实质还是创业者自己出资，由于海外方面合作人的需要，才出现了 B 公司如今的股权分配。

（3）处于成熟期的 C、F 两公司。F 公司情况简单明了，总经理 100%

控股。C公司的股份在家族中分配比率只有10%，但是这10%的意义却有所不同。C公司将股份的10%分给弟弟妹妹，弟弟、妹妹分别占有5%的股份，已经跨出了股份分配的真正一步，跨出了家庭这个概念，股份分配给家族内的其他成员。

综合来看，这6家企业的股权都是主要集中在家族内部；启动期初期由于合伙人的存在，产权在一定程度上分散；启动期后期到成长期，产权都是牢牢掌握在一个家庭内部的，如单个人或者父子、母女等直系血亲手中；只有到了成熟期，会将产权分配给家族内部的其他成员，如兄弟姐妹。

2. 各企业创业者子女培养和继承问题

对于第二代，第三代的继承问题，这几家公司的观点大同小异（见表4.18）。

表4.18　各企业子女培养和继承情况

证据举例	第二代任职情况	公司	生命周期	二级条目	一级条目
董事长希望由子女继承	女儿女婿直接经营管理吴江公司	A			
对于这个问题的话，不过也不一定，因为每个阶段是不一样，如果公司以后做大做强了，你肯定是不愿意看到这个高楼大厦倒塌的，交给别人的话你不会放心，特别是在中国，诚信体制没有建立，不像国外，所以我说不一定，但是以公司现在的状况我是不会勉强下一代的，以后的话就不一定了，可能的话我会出钱让孩子做一个微型的公司，培养一下	女儿直接经营管理上海的公司	E	启动期	对子女培养和继承问题	产权
希望由儿子继承，且已给儿子25%的股份，并由自己的外甥辅佐。我跟我现在的团队再合作10年就可以退休了。然后让我儿子、我外甥上来。我有一个儿子、三个外甥，一个外甥现在是副总裁，管技术	儿子担任营销职位，仍在磨炼	B	成长期		

续表

证据举例	第二代任职情况	公司	生命周期	二级条目	一级条目
首先要从下一代中选，但是要看他具不具备这种能力，如果他不具备能力，那就从外面聘请。如果下一代他喜欢去做别的事情，那理所应当让他去做。他喜欢做什么就做什么	两个儿子，分别担任营销经理、技术经理，都可以独当一面。第三代还小，但会给他们最好的教育	D	成长期	对子女培养和继承问题	产权
小孩，现在我已经送他到美国读书去了，小孩子我肯定要这样做，不一定到我企业来，但是公司的顶端肯定给他，他也不一定做我这个行业，可以让他做股东，做自己喜欢的行业，我也不可能勉强他	小孩在美国读书	C	成熟期		
如果职业经理人非常诚实的话，从本意上来看，无意让小孩子来参与。看他的发展吧	孩子还很小	F			

孩子还小的，就尽量为其创造好的学习环境来培养他，主要途径是送到国外接受教育。就其培养意愿上来说是强烈希望自己的小孩继承家业。因为自己一手建立的企业，交给别人总是不放心，在情感上难以接受。更有甚者，一位受访者提及，浙江温州家族企业较多，也较发达。老板不顾计划生育政策，希望多生几个孩子，总有一个能成才，继承家业。

孩子已经长大的，就在公司的各个岗位上开始磨炼了。A公司企业者的女儿女婿直接经营管理吴江公司，B公司创业者的儿子担任营销职位，仍在磨炼。D公司创业者的两个儿子，一个担任营销经理，另一个担任技术经理，都能独当一面。E公司创业者的女儿直接经营管理上海的公司。

只有当创业者发现第二代、第三代是在兴趣上不愿意时，他们无奈但也尊重子女的选择，让他们去做想做的事情。此时才会考虑聘请职业经理人，但产权还是保留给子女。

从继承权问题上看，家族企业都希望由自己的子女来继承家业，慢慢将产权让渡给第二代、第三代。在子女年幼时，就以继承人的姿态来培养教育第二代、第三代。而且如今，第二代、第三代在企业中也做得很出色。

从子女继承权问题上来看，家族企业不论在生命周期的各个阶段，都首选由自己来继承家业、继承自己的股份，也就是说仍将股份控制在家庭内部；只有当子女能力兴趣不符时才会考虑其他途径，如职业经理人。但是聘请职业经理人的同时，仍由子女继承股份。

3. 各公司产权分配给家族外成员的意向

各公司将产权分配给家族外成员意向见表4.19。

表4.19　各公司将产权分配给家族外成员意向

证据举例	备注	公司	生命周期	二级条目	一级条目
不愿意将股权分给家族以外的成员	产权由第一代所有，无锡的分公司由女儿和女婿经营	A	启动期	产权在家族外成员中分配意向	产权
我们也考虑给其他人一些分红，但是有些业务员，不是说你给他一些分红，他就会认真做事，他宁愿把这个钱分到自己手上，更愿意拿现金、拿提成。副总是我一个哥们，我想等企业稳定些把他加到股东里去，可以这样说，他属于我们家族企业半个成员	在上海和九江都有公司，第一代主要负责九江公司，而第二代已经能逐渐独立管理上海的公司了	E			
不愿意将股权分给家族以外的成员。不愿意通过股权和利润分红来绑住高级管理人才，希望通过多加点钱来绑住他们	主要的经营管理权仍在第一代创业者手中	B	成长期		
股权分配现在是肯定没有的，将来会有。我们企业提出至少5年，要去把这个企业上市。待公司发展5年10年后，公司会分股权给做得好的高管，作为一种激励。将来我们的目标就是留足50%的股权就OK了	所有权仍由第一代创业者所有，但主要的经营管理权已过渡给第二代，而且第二代也做得非常好	D			

续表

证据举例	备注	公司	生命周期	二级条目	一级条目
我们还是觉得，我们家族，我们兄妹三个还是很稳定的。我觉得稳定性很重要，所以我们这个母体公司，我是不希望有外人进来的。这是我的观点。我这个最顶层的公司还是家族企业，最稳定了。我们自己认为控制不了的话，我们就会以股权去上市，上市公司相当于把公司卖给公众	主要的经营管理权仍在第一代创业者手中	C	成熟期	产权在家族外成员中分配意向	产权
聘请台湾的职业经理人，年薪待遇，没有股份	经理是总经理的朋友介绍的，人很勤奋	F			

从根本上说，家族企业是拒绝将股份分割给家族外部成员的（见表4.19）。对于基层员工来说，现金激励比股份激励更有效。基层员工更看重现金收益，在他们的意识里股利分红和他们关系不大，多拿些现金对他们的激励更大。而对于高层管理者来说，他们期望得到股份，希望得到认可，但家族企业不肯给。家族害怕职业经理人一旦掌握了股权，在拥有话语权后会做出对家族有伤害的决策。因此，对于高级管理人才，一般以年薪的方式聘请，拒绝利润分红和股权等要求。这一点上C公司和F公司都是这么做的。他们对于职业经理人参股表示拒绝，且态度决绝。

E公司提出愿意待企业稳定些把副总加到股东里去，副总是总经理的“哥们”，可以将其归为家族企业半个成员。对“哥们”的定义，“哥们”不是家族内成员，是类家族成员。类家族成员通常是企业创业者高管、专有技术持有人、与家族成员存在着或多或少的血缘、亲缘、地缘的关系人，如家族成员的远亲、朋友、同学、同乡、备受家族企业信任的创业元老、利益关联者等。由于“哥们”的特殊性，他们在E公司发展的启动期，无偿或者以领底薪的方式无私的付出，得到了家族成员的认可，因此他们获得了青睐、获得了股份的奖励。家族成员希望通过股份来激励他们，肯定他们的付出，激励他们在今后仍与家族成员在行动上保持一致。

家族企业不愿意将股权分割给家族外的个别成员，但是大部分愿意上市。在典型案例分析中已经提出过这个问题，C 公司就不愿意将股权分割给家族外的成员而愿意上市；D 公司提出至少 5 年，企业上市，家族只要控股超过临界控股值就可以。

从将产权分配给家族外成员意向来看，家族企业愿意接纳部分类家族成员，愿意上市。E 公司有考虑将类家族成员加入到股东中，但没有实施，因为 E 公司尚处于企业发展的启动期，要等到企业稳定，处于成长期中后期或者成熟期才会具体实施；公司上市，其实就是把部分股份卖给大众，被卖掉的钱就可以用来继续发展。一家公司要上市，应该是各方面都比较完善的企业，公司应处于或者即将处于成熟期。

从现有股权的分配情况、对子女继承权问题和将产权分配给家族外成员意向来看，结合典型案例分析中的现象 1 提出以下命题：

命题 1：家族企业产权从启动期到成长期越来越集中；成熟期中后期家族企业产权将逐步由高度统一向分散发展，主要形式是上市。

（二）管理控制权

管理控制权情况主要从管理控制权现状、家族成员在企业内任职情况、聘请职业经理人意向、董事会构成和集权分权五个维度来考察各企业的具体情况。

1. 公司管理控制权现状

处于启动期的公司，A 公司的产权是第一代创始人所有，无锡的子公司由女儿和女婿经营管理，这里所指的 A 公司，实际上是 A 公司的无锡分公司。其中财务和人事两个企业中最重要的要素，由第一代创始人的女儿掌管，财务权的控制更重要。A 公司明确表示不重视管理人才的培养，他们重视的是工人管理。E 公司管理结构简单，上海分公司的管理层只有董事长的女儿和一名副总，副总属于类家族成员。大部分公司事务直接由董事长的女儿也就是总经理决定，公司的大部分规章制度都是董事长的女儿直接制定。从 A、E 两家公司的情况来看，处于启动期的企业管理结构简单，完全掌握在直系亲属手中，且明显存在一人身兼数职的情况，不重视管理。但不排除如 C 公司启动期由于合伙人的存在而导致管理控制权分散的情况（见表 4.20）。

表 4.20　各公司管理控制权现状

证据举例	公司	生命周期	二级条目	一级条目
管理层一般都是大专以上学历，本科也有好几个（本科生一个月也就 1000 多块钱）；有管理部、市场部、工程部、品质部、资财部、生产部 6 个部门。经理下面，要是部门大一点有个科长，其他都是基层员工。有些部门的经理是空缺的，由科长直接代理。财务部和人事部是总经理的太太在管。管理人员不是很重要，重要的是工人	A	启动期	管理控制权现状	管理控制权
我们的管理层是这样的，这边的话很多东西我来制定，我直接管理的比较多，虽然他们有些事不和我说，但是我会去问。副总权力也很大的，其实我们很放权的	E			
现在浙江我不管了，托人管，但是批还是我一支笔，我每周去浙江一次。定好了是周六，合同什么的都不管，托的人是我妹夫	B	成长期		
我负责销售，对外的事情；我弟弟主抓内部和谐，技术啊、生产管理啊、原料采购啊	D			
我们这个主题公司的股东就我们兄妹三人，另外的一些项目公司，那可以请其他人一起来合作。我们自己能做的就尽量自己做，做不了的就会寻找合伙人	C	成熟期		
总经理一手在打理	F			

处于成长期的企业，D公司由董事长的两个儿子管理。B公司由董事长掌管，浙江分公司由董事长的妹夫管理，但浙江分公司的财务签署权仍由董事长本人掌管。从中可以看出，处于成长期的企业管理控制权仍在家族内部，而且特别注重财务权的控制。

处于成熟期的F公司，由总经理一人打理。C公司，股权由兄妹3人掌握，管理经营也靠三兄妹，以大哥为首。C公司只有在遇到处理不了的项目时才会考虑其他合伙人，且合伙人的控制权低于三兄妹。在管理控制权上得不到保证，C公司宁愿选择不与合伙人合作。

从启动期到成熟期，除由合伙人造成的管理控制权分散外，家族企业的管理控制权掌握在家族内部，当有需要时会引入人才来协助管理，存在分散趋势，但是控制权仍掌握在家族内部。这跟家族企业浓重的家族色彩有关。血缘、亲缘、姻缘、地缘将家族成员凝聚在一起，他们之间存在着天然的信任感，这种天然纽带保障着公司资产的安全。例如，A公司的保安都是温州老家带来的，这就是一种地缘。人们普遍认为一个职位，家族内部的人员即使能力不如别人，但是忠诚性是有保障的。

2. 家族成员在企业内任职情况

家族成员在企业内任职情况主要有以下特点（见表4.21）。

表4.21　家族成员在企业内任职情况

证据举例	公司	生命周期	二级条目	一级条目
整个公司，门卫是老家带过来的，财务人事是家族内部人管。这边的公司属于家族内部的主要就是我和我太太	A	启动期	家族内成员任职情况	管理控制权
家庭内部就2个人，我和我妈，我妈是董事长，负责九江那边，上海这边主要是我负责	E			
高层管理里我和我儿子，大外甥是自己家族里的人，其他都是。妹妹、妹夫都是工人、车间主任，不属于管理层。待遇根据规定来。家里的七八个亲戚在基层工作	B	成长期		

续表

证据举例	公司	生命周期	二级条目	一级条目
还有家庭内部的四五个人在企业里，算是中层干部，也有在基层的。在薪资待遇上家庭内部的人和外面聘请的人差不多，还是以能力看人。甚至说中层干部里面，家庭内部的人比外面聘请的人薪资要低。因为家庭内部的人学历可能没有外面的人高，其实还是和我们的薪资规范有关。但是从效果上讲，还是这些亲戚忠心，做事效果好	D	成长期	家族内成员任职情况	管理控制权
能力弱的人也养着，养起来也相当于承担了家族的社会责任，当你碰到困难时，整个家族也会全力支持你。亲属进入我公司的太多了，应该说会给予他们更多的机会。他们对公司会比较忠诚，但是能力方面就各有千秋了，“用人所长”，而且用他们，我也是很放心的	C	成熟期		
这个有的。总经理的妹妹、妹夫以前在公司里，现在没有了。这是很正常的事情，因为这种家族企业。以前有的，妹妹做过销售部长，现在走掉了，去年7月走掉的	F			

（1）有能力的家族成员被安排在重要的管理岗位。B公司的高层管理者中有董事长的儿子和大外甥；D公司董事长的两个儿子一个负责销售，另一个负责内部管理，还有几个来自家族内部的中层管理人员；E公司董事长的女儿任总经理；F公司董事长的妹妹担任过销售部长等。

（2）能力相对差的家族成员安排在基层岗位。B公司中包括董事长的妹妹、妹夫在内的七八个家族成员都在基层工作；C公司，能力弱的家族成员被安排在基层。

从以上分析来看，家族成员在企业内的任职情况和企业所处的生命周期关系不大。愿意在企业内任职的家族成员，都可安排在企业内部：职位是根据其自身能力的高低来安排的。

3. 聘请职业经理人意向

处于启动期的A公司董事长的女婿提出寻找合适的职业经理人，由于种种原因，合适的职业经理人少之又少。一方面由于聘请职业经理人的费用高昂，另一方面职业经理人不一定中意家族企业这个舞台，给寻找合适的职业经理人带来重重阻力。因此，他们所要求的合适的职业经理人很难找。这个“合适”包含了很多要求，如薪资、能力、忠诚度等。其实A公司董事长的女婿可被定义为职业经理人，作为女婿，他并非直系血亲，但是和这个家庭有着千丝万缕的联系。可以说他就是董事长找到的最合适的职业经理人，但他已经通过姻缘关系成为家族成员（见表4.22）。

表4.22　聘请职业经理人的意向

证据举例	公司	生命周期	二级条目	一级条目
还是不希望自己的所有时间都耗在企业里，但是还没有找到合适的职业经理人来管理企业。有些职业经理人要价特别高，有些职业经理人看不上这个舞台。光出得起钱也不一定请得到合适的人	A	启动期	聘请职业经理人意向	管理控制权
未提及	E			
有没有可能从社会上招募一些像王总这样的人？我也想过，考虑过一个香港人，但是我们现在的团队还可以。年薪300万元请过来，但是我在管委会上说过，很多人都说不需要，所以还在考虑。不愿意通过股权和利润分红来绑住他，希望通过多加点钱来绑住他	B	成长期		
技术、生产、财务和行政，这4个副总我们是从外部聘请的	D			
现代企业制度强调所有权和经营权分离，这一点，我个人认为是完全错误的，完全是职业经理人自己搞出来的一套虚无缥缈的东西，你说经营权和所有权分离后不就是像国有企业一样嘛，国有企业就是经营权和所有权分离，这是完全错误的，而且中国的职业经理人往往将这点看作圣经似的，因为这一点对他们是有利的，我们自己想想看，这完全是荒谬的，经营权和所有权一旦分离，中国人的道德操守加上法律制约等问题，这在中国根本就靠不住。对于公司聘用的职业经理人，我觉得管得不多，职业经理人职位的权力的自由度也不大，因为权限相分离	C	成熟期		

处于成长期的公司。D 公司聘请高级的经理人来辅助家族成员，如技术、生产、财务和行政 4 位副总。同样的，B 公司也提出聘请高级经理人来辅助管理，但是在管委会上出现反对的声音，因此还在酝酿阶段。

成熟期的 C 公司对于职业经理人的态度很矛盾，一方面不信任职业经理人，不愿意职业经理人管理公司；另一方面，由于公司的高速扩张，不得不借助职业经理人管理公司。故现状是职业经理人有一定的权利自由度，通过权限设置对其进行牵制，在只能借助职业经理人管理的情况，加强对其监控。F 公司对职业经理人较有好感，引进过职业经理人并放权，但因其和企业的磨合问题而以失败告终。即使这样，总经理还是希望聘请职业经理人，但监控不可少。

从以上分析来看，从启动期到成熟期，企业愿意逐步将一些职能部门交给家族外的人管理。虽然家族对职业经理人有着种种顾虑，但在实际的经营过程中，家族在不断地引入职业经理人，通过激励和监督并举的方式使经理人更有效地为企业服务。这可以看作是对家族管理的一种辅助和补充，经营权仍控制在所有者手中。

4. 董事会构成

在典型案例分析中由于对 C 公司董事会情况了解得不详细，所以没有做出仔细分析说明；在多案例逐项复制中，对其他 5 家公司董事有了一定了解，试图弥补典型案例分析的缺失（见表 4. 23）。

表 4. 23　各公司董事会情况

证据举例	公司	生命周期	二级条目	一级条目
我们公司没有董事会	A	启动期	董事会构成	管理控制权
在九江那边我们有董事会的，但是不会去开会，因为我们有些董事是不能拿出来说的那些人，我们董事的聚会是不定期的，有事情的话就见见面，重要的事情还是董事一起决定的	E			

续表

证据举例	公司	生命周期	二级条目	一级条目
公司的高层包括11人在内的管委会。除了老板和王总之外的9位管委会成员，明确的给的是高层管理者的头衔，包括副总、总监、制造总监、生产总监、营销总监、质量总监、财务总监、办公室总裁、总裁办主任	B	成长期	董事会构成	管理控制权
我们公司有董事会，董事会有7个人，董事长加6个副总，其中包括我和我弟弟，还有技术、生产、财务和行政，这4个副总我们是从外部聘请的	D			
有董事会，但主要还是靠我们兄妹3人	C	成熟期		
呃……这个……没有董事会	F			

处于启动期的A公司未成立董事会。E公司已经具有董事会的雏形，有些董事是“不能拿出来说的”，董事会会议较少。这些“不能拿出来说的”董事可以被看作是外部董事，由于这部分董事会成员的特殊性，他们参与公司决策的程度较低。由此可见，处于启动期的企业董事会处于未建立或者建立初期。

处于成长期的D公司成立了7人的董事会，主要包括董事长加6个副总。其中董事长年迈，主要由两个儿子分管营销和生产事务，其余4位内部董事都是非家族成员。B公司的董事会人数达到11人，家族成员包括董事长和他儿子，其他董事都是重金聘请的。处于成长期的企业董事会相对比较规范，从人数上看也有一定规模，但是决策权的重心还是控制在家族成员手中。

处于成熟期的F公司还未成立董事会；C公司有董事会，和B、D两公司的情况类似，具有董事会行使，但是主要决策权在家族手中。

由此可见，家族企业一般在启动期出现董事会雏形，在成长期和成熟期通过招募优秀的管理人才逐步发展扩大，在形式和职能上形成规范的董事会，但是决策权重心依旧向家族倾斜，董事会趋于形式的多，实际起效用得少，即使是处于成熟期的企业也不例外。

（三）集权和分权情况

集权和分权是管理控制权中重要的内容，同时也是家族企业治理中较有特色的部分，因此单独进行分析。主要从一般决策、财务决策和人事决策三个维度来考察各公司的具体情况（见表 4.24）。

表 4.24　一般决策情况

证据举例	公司	生命周期	三级条目	二级条目	一级条目
无描述	A	启动期	一般决策情况	集权和分权	管理控制权
我们其实很民主的，在做决策的时候会听下面人的意见，开会大家就过来，还有的人不愿意过来呢。在管理者风格上面，我妈属于比较权威式的，我个人比较强势，但是我觉得既然大家在一起做事，有商有量会比较好，这个决策会比较正确点，但是也出过不正确的决策。我和我妈的决定是一个礼拜开三次会，大家把事情碰一碰，周五总结会，周一早上把每个礼拜的事情沟通一下，中间再开个会，但是最后实际上一个礼拜能开一次会就不错了，大家都不愿意开会，觉得很多都是废话	E				
如果在开会的时候大家提一些意见，而这些意见不大符合董事长的想法，有 7 个人都赞同这种意见，而董事长却不是怎么赞同这种意见的时候，最终还是采取董事长的意见	B	成长期			
当决策时出现分歧，第一肯定是据理力争。你觉得你的决策是有道理的，就把道理讲给大家听，灌输给大家，但是也有不理解你的人，当大家实在理解不了你的话，最后还是董事长说了算	D				

续表

证据举例	公司	生命周期	三级条目	二级条目	一级条目
当极少人同意我的意见时，我肯定听从我自己的意见。即使没人支持我的意见，我也相信自己，他们的意见我只会参考。我们公司开会我经常强调，大家要畅所欲言，为公司做贡献，但是采不采纳是我的事情	C	成熟期	一般决策情况	集权和分权	管理控制权
讨论公司问题一般就是几个副总。当意见有分歧的时候，最终拍板是总经理。但是当时我们有什么意见都是尽管发表，有什么东西都是畅所欲言的，没有别的障碍	F				

1. 一般决策情况

处于启动期的E公司，家族管理者较强势、民主，呼吁员工发表自己的意见和看法。可见家族非常愿意也非常需要员工在决策上提出宝贵的意见，但反而是员工不愿意参与决策，造成了集权现象。

C、D、F三公司有共同的特点就是希望员工提出意见和建议，管理者愿意听这些意见和建议，但未必会采用，最终还是采用董事长的意见或董事长说了算。由此可见，从启动期到成熟期，家族企业是高度集权的。

发现3：从启动期到成熟期，家族企业员工自我参与企业管理决策的程度逐渐提高。

2. 财务决策情况

在财务制度上，各个公司管得都很紧，启动期和成长期的企业基本不放权。例如，B、D、F三公司，不论金额多少，都由董事长掌管财务权。处于成熟期的C公司财务上放权程度极低。5000元钱以内可以由子公司的负责人签字批准。子公司负责人无权将财务权下放给下一级管理者。因此，从财务决策上看，家族企业在各个生命周期阶段都高度集权（见表4.25）。

表 4.25　财务决策情况

<table>
<tr><th>证据举例</th><th>公司</th><th>生命周期</th><th>三级条目</th><th>二级条目</th><th>一级条目</th></tr>
<tr><td>200～300 元的财务支出都要总经理签字的，财务这一块权力没有下放</td><td>A</td><td rowspan="2">启动期</td><td rowspan="6">财务决策情况</td><td rowspan="6">集权和分权</td><td rowspan="6">管理控制权</td></tr>
<tr><td>出纳这个钱是我手上管的，具体的做账是财务部做的，做完之后反馈给我，我来看报表</td><td>E</td></tr>
<tr><td>公司财务报销上的问题，钱都是董事长管的，1 块钱也要管</td><td>B</td><td rowspan="2">成长期</td></tr>
<tr><td>根据财务制度，一般企业里只有一支笔，无论是 1 分钱也好，但是我们现在企业是 3 支笔。就是 3 个人都有权签这个钱。比如说我销售上，肯定是我要签，比如说供应商，肯定是我弟弟签，行政等其他工资上的肯定是我父亲要签</td><td>D</td></tr>
<tr><td>对于各分公司的老总，5000 块以内可以授权签字批准，5000 块以上则要经过公司总部财务总监审核批准然后再报销。各分公司的总经理对于下属则无权授权</td><td>C</td><td rowspan="2">成熟期</td></tr>
<tr><td>财务不管大小都是总经理签字</td><td>F</td></tr>
</table>

3. 人事决策情况

从人事决策上看，启动期的企业高度集权。A、E 两公司人事权都由总经理最后决定。成长期的企业将基本的人事权下放到人事总监，如 B 公司招聘基层员工按照流程进行即可；D 公司基层和高层员工招聘至少由副总负责。成熟期 C 公司人事权集中在董事长手中，中层以上人员招聘由董事长决定。F 公司每一位员工的工资都由总经理亲自决定；中层人员的招聘也由总经理把关，该公司在人事权上未放权（见表 4.26）。

表4.26 人事决策情况

证据举例	公司	生命周期	三级条目	二级条目	一级条目
中层管理者有基层的人事决策权，一般是人事部门提供人事信息，然后由部门选择，最终总经理还是要过目的	A	启动期	人事决策情况	集权和分权	管理控制权
人的话我聊得比较多，其实我一直让下面的人做这个工作，但是他们不愿意做，他们会这样，说这个人有这个问题那个问题，要显示出他们有发现问题的能力。其实我一直有意识地让他们去做这个事情的	E				
人事上找人的话，基层么不用过目了，高层肯定要。招人的方案制定由董事长确认，怎么招，招什么人就不怎么过问了	B	成长期			
聘请一个人员的话，首先是部门，由人事专员招聘，人事部考核，部门经理考核，副总签署意见，总经理审批。不管是基层还是高层，至少要到副总这个环节	D				
至于人才招聘这方面，中层以上员工的录用与否、去留等全部由我个人来决定，分公司经理无权开除他们	C	成熟期			
每一个员工的工资都是总经理谈的，这个是保密的。中层的人员招聘由总经理把关	F				

由此可见，家族企业的人事决策权高度集中，即使B、D两公司放权给人事总监。人事总监在家族企业中是仅次于董事长的职位，如D公司负责人事的主要是董事长的小儿子。

从一般决策权、财务决策和人事决策等方面综合来看，家族企业都是高度集权的。

综合以上6家家族企业在管理控制权现状、家族内成员任职情况、聘请职业经理人意向、董事会构成与集权和分权情况看，在启动期初期由于合伙人的存在，管理控制权有一定程度的分散。从启动期后期到成长期中期，由于合伙人的退出，管理控制权逐步集中。在成长期后期，企业愿意逐步将一些职能部门交给家族以外的职业经理人管理，可以看作是对家族管理的一种辅助和补充，但管理权仍控制在所有者手中。家族企业一般在启动期出现董事会雏形，在成长期和成熟期，通过向市场招募优秀的管理人才逐步发展扩大，慢慢在形式和职能上形成规范的董事会，但是决策权重心依旧向家族倾斜，即使是处于成熟期的企业也不例外。结合典型案例分析中提出的现象2，提出以下命题：

命题2：在启动期初期，管理控制权有一定程度的分散；从启动期后期到成长期中期，管理控制权逐步集中；在成长期后期，有逐渐分散的趋势，分散到职业经理人手中。

四、讨论

本章根据文献综述阶段提出的问题，从典型案例分析归纳出现象，再由多案例分析验证这些现象，最终提出命题。但所有案例均未涉及衰退期，故对衰退期的情况做出解释。

（一）产权集中度的演变讨论

案例分析阶段得出的有关产权的命题为：家族企业产权从启动期到成长期越来越集中；成熟期中后期家族企业产权将逐步由高度统一向分散发展，主要形式是上市。按照生命周期来划分的话，主要分为如图4.2所示的三部分。

1. 启动期，家族企业产权呈现越来越集中的趋势

家族企业成立时，有时会存在若干个小股东。这是因为：其一，由于

成立一个法定意义上的企业，需要一定的注册资金和流动资金，单个家族无法独立出资，便会考虑其他合作伙伴，如有经济实力的朋友。其二，家族不存在资金问题，但是对该行业不了解，在技术上是“门外汉”，家族会以入干股的形式选择一些在该行业中有声望的个人作为合作伙伴。其三，原本一个生活圈的朋友共同萌生了建立企业的想法，也就自然而然在创建企业时，共同入股。家族企业在启动初期产权存在一定程度的分散，主要是由于合伙人的存在。此时家族和合伙人之间的关系融洽而紧密，凝聚力强。

2. 成长期，家族企业产权逐渐集中

从启动期到成长期，由于合伙人的退出，产权逐渐向家族靠拢。这是因为：其一，由于挖得第一桶金后家族的资金充裕，实力雄厚，完全有实力吞并其他小股东；其二，家族在企业运作过程中，通过主动学习或被动学习，对该行业所需的知识和技术能较好的掌握，有些家族成员更是这方面的佼佼者，此时家族对以技术形势入干股的个人需求不大，故有可能回购其股权；其三，原本志同道合的好友，由于一起办企业，不可避免地出现金钱上的摩擦和经营理念上的差异，久而久之产生隔阂，合作关系破裂。由于以上原因，原本的合作伙伴逐渐退出，家族产权占有率越来越高。

3. 成熟期中后期，家族产权面临再一次分散

关于这一点，案例企业均表示有此意向，但还未有实际落实的企业。再次分散的原因可能还是资金，企业扩张需要大量资金。家族经历过启动期的摸爬滚打、成长期的蜕变，到成熟期时已具备一定的声誉和从业经验，此时对利润和增长率的追求强烈地刺激着家族扩张。扩张资金如何而来，启动期的经验教训告诉家族，合伙人的方式不可取，而上市却是一条康庄大道。大部分家族企业愿意上市也想上市，上市象征着企业实力。成熟期的中后期家族可能出现以上市形式的产权分散情况。由于这一点是笔者的合理猜想，故在图4.2中用虚线表示。

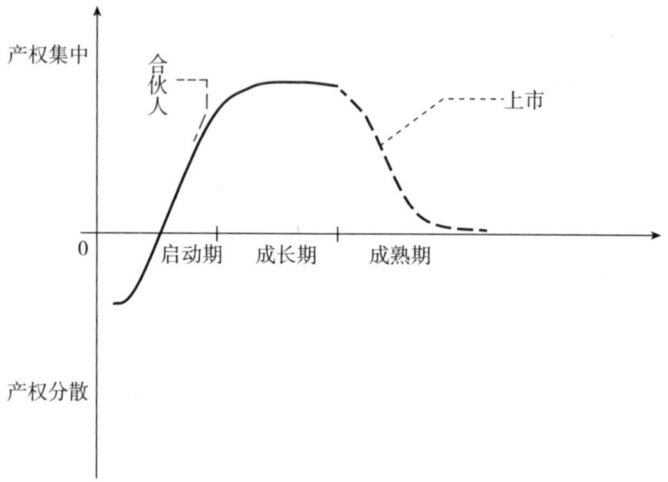

图 4.2　家族企业产权随生命周期演进变化图

（二）管理控制权的演变讨论

案例分析阶段得出的有关管理控制权的命题为：在启动期初期，管理控制权有一定程度的分散；从启动期后期到成长期中期，管理控制权逐步集中；成长期后期，有逐渐分散的趋势，分散到职业经理人手中。按照生命周期来划分的话，主要分为如图 4.3 和图 4.4 所示的三部分。

1. *启动期，家族企业管理控制权有一定程度的分散*

这主要是和启动期企业的产权联系在一起的，由于启动期家族企业存在其他的合伙人，他们享有一部分管理控制权。此时的家族企业决策基本上都由创业者决定，即家族和合伙人。他们在管理控制权上没有明确的分工，凡事都聚在一起商量，也不拘泥于会议室和会议记录的形式。

2. *成长期，管理控制权逐渐掌握在家族手中*

此时，由于合伙人的退出，使得家族对企业的管控控制权高度集中。这一阶段的管理控制权变化情况与产权关系密切。该阶段企业的盈利能力增长快速，相关制度逐渐制定，出现职责分工。企业发展迅猛但隐藏的经

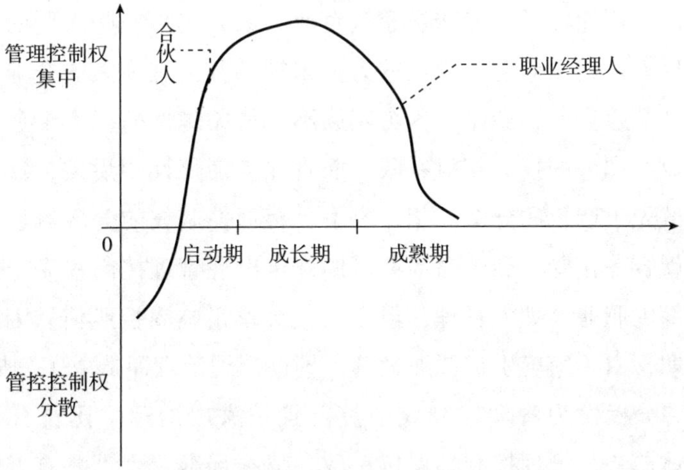

图 4.3　家族企业管理控制权随生命周期演进变化图

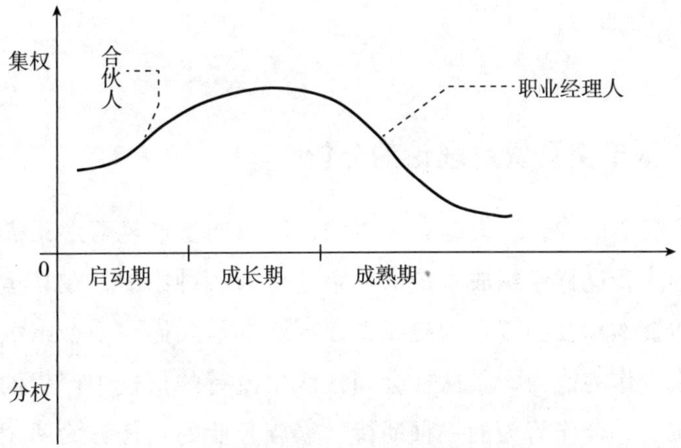

图 4.4　家族企业集权和分权随生命周期演进变化图

济利益冲突越来越大，造成家族和合伙人的隔阂。此外，相关制度的制定和职责分工限制了家族和合伙人的权利范围，原本的共同商讨被更多的独立决策所取代。合作冲突导致合伙人的退出。

3. 成长期中后期，家族企业管理控制权开始出现分散趋势

此时，由于家族内人才不能满足企业发展的需求，家族不得不求助于

职业经理人。职业经理人渗透进家族企业，家族先将一些次要的权力下放给职业经理人，借助职业经理人的力量来辅助其治理庞大的企业。但是管理控制权分散趋势并不陡峭，因为家族不会将关键性的权力下放给职业经理人，职业经理人的权力相对有限。而且在生命周期中后期，家族管理控制权的分散先于产权的分散。相比之下，管理控制权的分散对家族的威胁更小，家族容易接受。到生命周期后期甚至出现管理控制权完全放权的情况，即全部由职业经理人管理，但家族仍会留足临界控股值。因此，在成长期中后期，由于家族引进职业经理人辅助公司治理而造成了分散趋势。

集权和分权作为管理控制权中重要且是家族治理中比较有特色的一点，其总体趋势与管理控制权保持一致，但在局部程度上略有差异。本书分析的集权和分权主要涉及的维度是人事权和财务权，家族企业都比较重视这两个维度，因此在启动期和成熟期有一定程度的分散，但分散程度比一般的管理控制权低。

（三）基于交易费用理论的分析

制度经济学认为，组织是有成本的，简单的生产经营形式需要简单的企业组织形式，这样组织成本最低。企业作为一种组织，在其运行中需要一定的物质资本和社会资本的支撑，社会资本是人们在一个组织中为了共同的目的去合作的能力，是从社会和社区中流行的信任中产生的能力，是对规矩、诚实、合作行为的一种期待。家族企业的信任分为两个层次：一是对家族成员的高度信任；二是对家族外成员信任程度低。对家族成员的信任程度低，就要求家族花费更多的金钱去弥补这种社会资本的匮乏。从案例分析得出的结论来看，家族明显不信任外人，企业产权和管理控制权始终掌握在家族手中。表面上看，家族企业掌握产权和管理控制权，不愿意家族外的成员参与股权或是职业经理人主导管理，究其本质，是由于有限理性、信息不对称、资产的专用性和机会主义等因素造成的高昂交易费用使得家族企业不得不牢牢掌握产权和经营管理权。

家族的有限理性源自两个方面：一方面，家族成员对现有环境认知能力和对未来的预测能力有限，人不可能完美地认知现在和预测未来；另一方面，家族面对的环境复杂多变，环境的复杂程度和变化速度往往超乎想象。因此，家族在处理事务上追求满意，追求更好，而无法做到最好。

家族企业中的信息不对称主要指家族和其他人员对有关信息的了解有差异；谁掌握的信息充分，就往往处于有利的地位；谁掌握的信息匮乏，则处于不利的地位。家族成员之间的天然信任感源于家族默认成员间的信息是几乎对称的。而在企业内部与家族信息不对称的另一方主要是其他股东和职业经理人，通常家族处于信息劣势。信息优势方可以通过隐瞒信息和虚报信息等方式损害信息劣势方的利益，追求个人利益。

资产专用性指用于特定用途后被锁定很难再移作他用的资产，若改作他用则价值降低，甚至可能变成毫无价值的资产。资产专用性其实是一种“套住”效应，这种套住是相互的，一方面，家族在培养员工技术、知识、能力方面付出的成本是一种沉没成本，员工离职即给家族带来损失；同时，即使员工不离职，员工掌握的关键信息和技术提高了其和家族谈价议价的能力，家族雇佣员工的成本上升。另一方面，员工掌握的专业性的技术、知识和能力，提升了员工再次择业的转换成本。

家族企业中的机会主义是一种狡诈的追求利益的利己主义，主要涉及家族外的成员为了自己私人的目标而不择手段，不按规章办事，从而损害了家族的利益。

以上有限理性、信息不对称、资产专用性和机会主义造成了交易成本。通常，家族认为家族成员间的交易成本几乎为零，而家族和家族外成员之间的交易成本大于零。

1. 产权问题

在启动期初期，由于合伙人的存在，家族企业产权分散；启动期到成熟期前期家族企业产权高度统一在家族内部，不愿意分配给外人。这个从分散到集中的过程，家族深刻体会到其中的苦涩。家族和合伙人之间的矛盾冲突使得家族不得不从这种合作关系中跳出来，在企业之后的发展过程中仍拒绝合伙人的介入，保持产权高度集中在家族手中。

产权理论认为，私有企业的产权人享有剩余利润占有权，产权人有较强的激励动机去不断地提高企业的效益。家族企业对产权的高度控制，一方面，有效地排除了他人分享其努力的成果，保证了其对剩余价值的索取权；另一方面，有效地保证了家族对资源的控制权，何时、何地使用这些资源，如何使用这些资源，使用资源的强度等都是他人无法干涉的。例如，C 公司董事长说“我鼓励下面的人畅所欲言，但是采不采纳是我的事”。其他人无权干涉董事长对其所掌握资源的使用权，产权保证了其对财产所有权相关的使用权和收益权。对剩余价值的索取，强有力地激励家族企业通过分析未来的收益和成本趋向来有效的配置资源，设计并选用能实现家族收益的最大化方案。

家族或者个人可以认为是利益相同的小群体，此群体有着天然的稳定性。如果将产权分给非家族成员，不能确保他们与家族是一个利益共同体，即使在一段时间内他们能成为利益共同体，但无法保证随着企业规模的扩张、经济上的摩擦和经营理念上的差距，非家族成员能一如既往地和家族成员保持稳定的利益共同体关系。C 公司在创业初期，有一个控股 16% 的合作人，但这个不以家族血缘为纽带的小群体很快就瓦解了；C 公司在成长期时有一位董事长的朋友入股合作一个项目，经过良好的运营，企业赢利，之后分道扬镳。

分析其原因，首先，对家族的伤害是家族外股东分享了剩余利润。剩余价值索取权直接与产权联系在一起，谁拥有了产权，谁就拥有剩余价值索取权。

其次，团队合作问题。虽然在创造剩余价值时，家族外股东也有贡献，但是此时剩余价值是一种共同努力的成果，家族外股东和家族的贡献不可能精确地分割，也就无法依据其真实的贡献来分割剩余价值，通常只能按照持股比例来分配。这样就无法分辨出家族外股东的贡献大，还是家族分享到的剩余价值更大。当家族外股东的贡献等于其收益时，家族与家族外股东能保持良好的合作关系；当家族外股东的贡献大于其收益时，家族外股东和家族之间出现了不平衡关系，家族外股东要求变多，家族在主观上很不舒服，两者的合作关系和良好的情谊面临挑战；当家族外股东的贡献小于其收益时，家族容易产生不满情绪，颇有微词，影响两者关系。通常，由于人的认知偏差和信息不对称等问题，家族和家族外股东均倾向于得出利己的结论，即自己的贡献小于自己的收益。久而久之，两者之间矛盾重重。

再次，谈判费用。由于家族外股东的外部性因素导致家族的谈判费用上升。这个外部是相对于家族来说的，其实是企业内部的交易费用。家族外股东按照其占有的股份，有一定的谈价议价能力。家族外股东相对于职业经理人，议价能力高。由于家族外股东和家族之间是合作关系而不是雇佣关系，家族不能通过规范的合同来对家族外股东实施约束和限制。当家族和家族外股东发生分歧时，双方要花费大量的人力、物力以实现企业内部的一致与和谐。这种分歧若长期存在，家族和家族外股东之间的相互消耗对企业发展是不利的。

又次，监督费用。由于家族和家族外股东共有公司，因此家族外股东的全部活动成本不直接由其个人来承担，势必导致家族要采取一系列举措来监督家族外股东的行为，确保其不伤害家族的利益。又由于家族和家族外股东之间存在的信息不对称，家族很难从一些显而易见的信号中得到真实的信息，确定家族外股东有没有故意损害家族的利益而获取好处。例如，家族外股东是否在其位谋其职，做好分内的工作；是否以企业为挡箭牌谋取个人利益等。家族必须为维护其自身的权益付出监督成本。此外，家族和家族外股东之间的监督是相互的。家族外股东拥有部分产权，也具有监督权利，而且家族外的小股东认为，家族占有更大份额的产权，侵占小股东资源的能力更强，所以家族外小股东愿意花费更多的资源用于监督家族的行为，他们认为这是值得的。家族外小股东对家族的监督在一定程度上让家族感觉不舒服，不利于两者之间的和谐关系。

由于团队工作、谈判和监督等造成了交易成本。在启动期初期，交易成本小于家族外股东带来的收益，此时家族欢迎家族外股东的加入，两者之间关系融洽；在成长期，交易成本远大于家族带来的收益，此时两者关系紧张，家族外股东退出家族企业。这里，家族外股东即德姆塞茨所说的“外在性”，产权引导家族在更大程度上将外在性内部化。因此，启动期初期，家族企业产权分散；启动期到成熟期前期家族企业产权高度统一在家族内部，不愿意分配给外人。在企业之后的发展过程中仍拒绝合伙人的介入，保持产权高度集中在家族手中。

最后，产权是企业家威望和能力的象征。在企业内部，能得到所有员工的敬重；在同行业中，能得到同行的认可，同类公司会组织借鉴学习等。人们对家族的权力和正确性坚信不疑，尤其是对企业的创办者有时甚至到了“顶礼膜拜”的程度，使家族有一种强烈的成就感。这些促使着家族在成长期的产权集中。

2. 管理控制权

由于有限理性、信息不对称、资产专用性和投机主义等因素，家族聘请职业经理人来管理企业，存在代理成本。职业经理人管理下的企业价值将小于完全属于家族时的价值，两者之差就是所谓的“代理成本”。这一个代理成本主要包括家族对职业经理人的约束成本和监督成本，指家族和职业经理人之间订立、管理、实施合同的全部费用。家族不能强制订立合同来迫使职业经理人做出家族所希望的行动，只能使用有效的激励措施来加以约束。

家族和职业经理人之间的信息不对称主要表现在三方面。首先，逆向选择风险。家族在选择职业经理人时，不完全了解其人，只有职业经理人清楚自己的实际能力，而且职业经理人在应聘时倾向于表现出家族所需要的能力。当职业经理人表现的能力不等于实际能力时，即产生了信息不对称。家族通常通过受教育程度、工作经历等信息来选择职业经理人，这仅能显示出职业经理人经营能力的部分信息。其次，职业经理人隐藏行动的风险。假设聘请职业经理人时，家族获得的信息是对称的，但是签约之后，家族只能得到职业经理人行动的结果，不能观察其行动本身。当经理人行动结果不等于行动努力程度时，即产生了信息不对称。最后，职业经理人隐藏信息的风险。假设聘请职业经理人时，家族获得的信息是对称的，但是签约之后，家族只能得到职业经理人的报告情况，而不能观察其具体信息。当报告情况不等于具体信息，即产生信息不对称。在信息不对称的情况下，此类道德风险和逆向选择随时有可能发生。其中，逆向选择属于事前信息不对称，隐藏信息和行为的道德风险属于事后信息不对称，经理人处于信息优势而家族处于信息劣势。

由于信息不对称和个人能力的限制，理性也是有限的，有限理性是无法回避的现实。当家族聘请职业经理人时，由于有限理性，不能面面俱到，把所有可能出现的问题都规定在合同中，因此要为此付出各种成本，如约束成本、监督成本等。

资产专用性使得家族即使聘请职业经理人，也将其置于次要的岗位。家族企业中有关企业投资、营销网络铺设、客户关系、赢利状况、税收缴纳等方面的信息是一种专用性资产，形成对企业的实际控制权。实际掌握这些岗位的人与家族之间的讨价还价能力很强，家族希望直接控制这些信息，由家族成员担任这些重要岗位的负责人，而将职业经理人置于次要的岗位。例如，A 公司的人事、财务部门都由董事长的女儿亲自打理，D 公司的营销、采购部门由董事长的两个儿子主管。因为这些部门都是关系企业命脉的关键部门，这些部门的信息属于专用性资产。如果将这些部门直接放权给职业经理人，其对企业的实际控制权大大提升，威胁到家族的权威。同时，与家族讨价还价的能力增强，这也是家族不愿意接受的。家族需要受其控制和约束的职业经理人。

职业经理人为家族经营企业时，他付出了全部努力承担所有成本，也只能获得一小部分剩余价值；要是他追求个人利益，得到的是全部的好处，个人却只要承担一小部分成本。家族认为在此博弈中，作为理性人的职业经理人，更倾向于选择成本小于收益的方案，即追求个人利益，因此家族对职业经理人不信任，认为其热衷于追求其他额外收入，机会主义风险严重。

由于以上有限理性、信息不对称、资产专用性和机会主义等造成的代理成本，家族首先考虑在自己能力所及的范围内不聘请职业经理人，直接安排家族成员担任管理职位成本相对较低。家族不需要像监督职业经理人一样监督家族成员，也不需要设计激励条款来激励家族成员；家族成员对家族高度的认同感和一体感，使其对家族产生了一种神圣的责任，不过于计较个人回报，不计较自己付出的劳动和获得的报酬是否处于合理的比例关系，家族成员可以减少个人的休息时间，贡献自己的财力物力，在企业经营发生波动时与企业共渡难关（苏琦、李新春，2004）。

当家族企业扩张到一定程度时，管理趋于复杂化，家族内的可用之人都已投身家族事业，此时仍不能满足企业对管理人才的需求，家族不能不考虑聘请职业经理人。家族拥有的资产越多，他在寻觅职业经理人的过程中的积极性就越高，对职业经理人能力和声誉的要求也就越高；反之亦然，职业经理人的能力越高，他在寻找企业时对资本的要求就越高，预期的福利报酬等收益也就越高。家族和职业经理人之间是双向选择的结果。此时，聘请高才能的职业经理人的费用在合理范围，则以家族的公司作为资本和以职业经理人作为能力的两者的合作即应运而生。鉴于有限理性、信息不对称、资产专用性和机会主义造成的代理成本包括签约成本、监督成本和剩余损失，家族考虑用相应的手段制衡，这些手段包括监督和激励等。

关于签订契约活动的费用，家族事先考虑到职业经理人因追求额外的个人利益而可能采取一些损害家族利益的行为，为确保职业经理人不采取这些潜在行为，如偷懒、以公司名义谋取私利等，家族和职业经理人签订契约来对这些行为做出明确限制。一旦职业经理人出现契约中禁止的行为，家族有权向其索取赔偿，这就有效地抑制了职业经理人的投机行为，保证家族合法权益。

关于监督活动支出，这里的监督活动主要指内部监督。是家族可以在签订契约时规避职业经理人对家族不利的行为，但是由于家族的有限理性和信息不对称，通常家族和职业经理人之间签订的是不完全契约，一些潜在的、未知的、危害性的行为被排除在契约之外。此时就需要家族有效地监督这些行为，扼杀萌芽状态的危害性行为，将家族利益损失降到最低。

关于剩余损失，职业经理人决策考虑的是自身利益和家族利益，当职业经理人利益与家族利益不一致时，职业经理人的决策不一定是使家族利益最大化，甚至会选择损害家族利益来扩大自己的利益；当代理人利益和家族利益一致时，才能使家族利益最大化。经理人的决策和家族利益最大化的决策之间的偏差即为剩余损失。

在启动期，家族和职业经理人之间的代理成本大于职业经理人带来的收益，家族不会考虑聘请职业经理人；在成长期后期，代理成本小于职业经理人带来的收益，家族积极寻找合适的职业经理人为企业创造价值，并会考虑用监督和激励等方式有效控制代理成本。

对职业经理人的监督，一方面是内部监督，成本由家族承担；另一方面是外部监督，成本由市场承担。因此，家族对职业经理人的监控不要只停留在内部监控层面，应适当借助职业经理人市场的外部监控作用。Fama（1980）认为，“在竞争的市场上，经理的市场价值取决于其过去的经营业绩，从长期来看，经理必须对自己的行为负责。因此职业经理人积极努力工作，这样做可以改进自己在经理市场上的声誉，从而提高未来的收入”。

监督之外，家族使用合适的激励机制可降低代理成本。例如，C 公司考虑在项目上以利润分享方式激励职业经理人。存在道德风险的情况下，家族不得不考虑如何保证拥有信息优势的一方即职业经理人，按照家族的意愿行动，从而使双方都能趋向于效用最大化。当激励相容时，职业经理人个人的利益和家族的利益是一致的，职业经理人努力为实现自己利益的目标工作，使家族利益最大化。要实现激励相容，应该考察职业经理人所追求的个人利益，由于家族和职业经理人之间的信息不对称，家族应通过合理的激励方式，将职业经理人的个人努力和家族企业的经营收益结合起来，C 公司的利润分享计划就是一种很好的方式。此外，马斯洛的需要层次理论认为，人的需要不仅是对物质利益的需要，还包括社会需要、尊重需要和自我实现需要等许多精神上的需要。职业经理人与普通员工相比，其自我实现的需求更强烈，因此对职业经理人的激励应适当考虑其自我实现价值、成就感等因素。

3. 集权和分权

集权和分权属于家族管理中比较具有特色的一部分，可从交易成本角度来分析。

由于有限理性，家族在决策程序上不可能设计出一套完美的程序，面面俱到；且每个决策有着自身的特殊性，并非所有的决策都能按流程操作执行。决策过程是一个管理者综合运用自身经验、能力并秉着对企业忠诚的过程。如果家族将决策权下放，由于信息不对称，他并非完全清楚该项目的价值，是否值得去做；也看不到中层管理者与某公司的谈判过程，谈判过程中是否有突发事件等。家族获得的信息绝大部分来自中层管理者的汇报。如果管理者有心欺瞒，将一个无价值的鸡肋项目说得天花乱坠；或是为了彰显自己的业务能力，故意对自己处理不了的突发事件知情不报。这都将给家族带来高昂的代理成本。例如，发现由中层管理者确定的项目有误，需要加以变更；或是取消该交易项目需要支付费用和机会成本等，这些都是由于有限理性和不对称信息造成的交易费用。因此家族认为集权可以有效地消除道德风险造成的信息不对称。家族默认家族成员之间的信息是几乎对称的，集权在家族手中，能掌握可靠的信息，能快速、高效地抓住市场上稍纵即逝的契机。

资产专用性。在案例描述中，不难发现在一般决策或人事、财务决策中，三者的决策集中程度是有差别的。按照集中度由高到低的顺序排列，即财务决策 > 人事决策 > 一般决策。由于财务决策事关家族企业的经济命脉，大部分家族是绝不放手的，哪怕是 1 元钱。人事决策关系企业未来发展的潜在动力，家族在涉及管理人才方面不放手。因此，财务和人事的资产专用性高，这种高资产专用性带来的转换成本是高昂的甚至致命，因此家族在财务和人事方面不愿意冒风险。

在启动期时，分权收益大于分权成本，家族愿意分权。由于人力、物力有限，与合伙人之间的分权的确有利于企业的发展，符合家族利益。在成长期前期，分权收益小于分权成本，家族收回权利，此时分权成本提升主要缘于家族和合伙人的摩擦。在成长期后期，某些关键性部门的分权成本大于分权收益，家族高度集权；普通部门的分权收益大于分权成本，由于高级人力资本的匮乏，家族内人力资本被关键性部门消耗，在普通部门适度分权给经理人符合家族利益。

家族企业的发展历史和家族领导人的特性也是造成其集权度高的原因。家族企业是在自身较小规模的基础上逐渐发展起来的，在启动期，大小事务都是由家族领导人直接制定和组织实施的。这种决策惯性随着企业的发展而延续，突然让家族放弃该权利，很难做到。因此，即使事业不断发展，规模不断扩大，家族仍然愿意保留不应集中的大部分权力。同时，家族领导者从创业阶段一路走来，往往有着强硬的性格和饱满的自信，喜欢绝大部分事情按照自己的意志来运行，而集中控制权力则是保证他人对家族领导人意志的服从。

4. 交易费用理论分析汇总

以上对家族企业产权、管理控制权的分析均主要涉及交易费用。由于信息不对称、资产的专用性、有限理性和机会主义等因素给家族企业聘请职业经理人和接纳家族外的股东带来了高昂的监督成本、谈判成本、契约成本和剩余损失，使得家族不得不考虑职业经理人和家族外的股东带来的潜在收益是否大于交易成本。当职业经理人和家族外股东带来的收益小于交易成本时，家族才会启用经理人和家族外股东。此外，家族企业的发展历史、家族成员的个人能力、特质和对家族成员的天然信任感，使得家族企业产权和管理控制权随生命周期演变呈现一定的变化趋势。

当家族企业规模不断扩大，家族内人力资源不能满足企业对高级人才的需求时，家族不得不向市场聘请合适的经理人。由于交易成本，家族的问题是综合运用参与约束和激励相容促使经理人的行为符合家族利益最大化。此外，家族产权在企业发展后期将通过上市方式逐步分散，下文会具体解释，内容如图4.5所示。

（四）其他发现

在典型案例分析和多案例逐项复制中，除以上对产权和管理控制权提

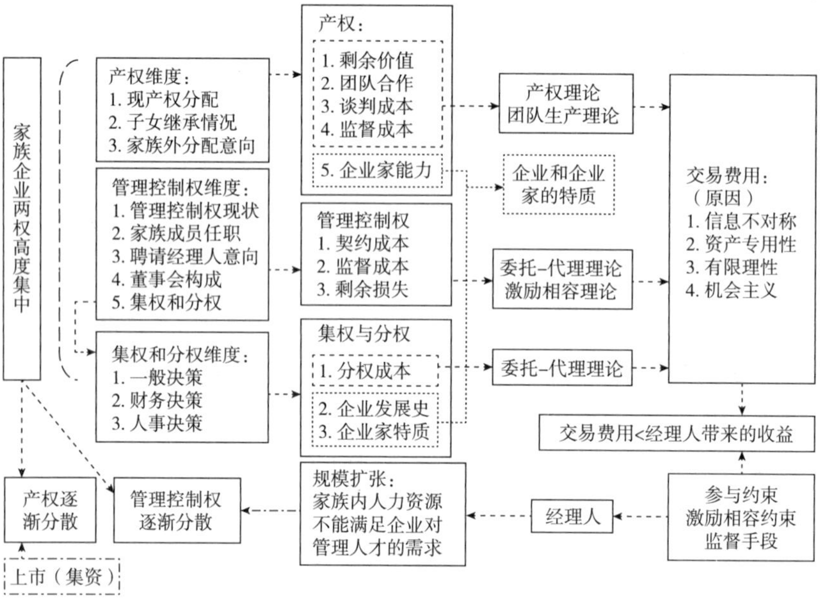

图 4.5　理论分析示意

出的两个探索性发现外，笔者在案例描述时提出 3 个分别有关组织规范性、上市和员工参与度的发现。

1. 发现 1 的描述和解释

发现 1：随着家族企业生命周期的演进，为何企业对自我组织规范化评价越来越低？

简单描述发现：处于启动期的 A、E 两家公司均认为自己公司的组织规范化程度较高，特别是 E 公司认为其公司的制度上较为规范，有编写正规的规章制度且人手一本。处于成长期的 B、D 公司，认为自己公司在规范化上做得还不够，扯皮、偷懒、迟到等现象普遍存在，在规范问题上还需要不断完善；处于成熟期的 C、F 公司则更是认为自己公司在规范化上虽然有了各种规章制度，但做得还远远不够。可见，随着家族企业生命周期的演进，对组织规范化程度自我评价越来越低。

相对于家族企业随生命周期的发展，对组织规范化的自我评价越来越低；从组织结构图和人事制度两个维度对组织规范化程度考察结果却是：随着企业生命周期的发展，组织规范化程度越来越高。这两者之间存在着明显的矛盾。

解释发现：组织结构图和人事制度这两个维度都是考察公司实实在在的情况、是客观存在的；而对组织规范化程度的自我认识是人类的主观认识，主观认识容易产生认知偏差。家族管理者根据一定的表现如公司编写了正式的规章制度，判断公司管理比较规范。判断是片面的，主要表现在以下几个方面：首先，编写的正式规章制度的完善性有待考察。正式的规章制度是随着企业的发展逐步修正完善的，不是一蹴而就、万年不变的。因此有规章制度不等于有完善的规章制度。其次，执行落实情况是否和规章制度如出一辙，不得而知。如果执行情况和规章制度相差太远，那么这种规章制度只是一种摆设，不能说明问题。最后，家族管理者在认知时，将编写、执行正式规章制度泛化到公司管理规范化，从局部信息形成了一个完整的印象而造成偏差，其实规章制度只是组织规范化中的一个维度，不能代表全部。

此外，规模问题在一定程度上加剧了家族对组织规范性的认知偏差。启动期企业的规模较小；而成长、成熟期企业规模较大，相对应的规章制度的落实程度存在差异。E 公司员工人数不超过 20 人，规模较小，规章制度容易落实到个人，管理者也较容易观察规章制度的落实情况，不容易出现由于组织机构臃肿、层级过多带来的上下级之间的信息不对称。因此可以认为，E 公司编写的规章制度和落实情况一致性程度高。而 C、D 等成熟期的企业，组织规模庞大，特别是 C 公司拥有多家子公司，董事长很难直接观测规章制度在每个员工身上的落实情况，只能根据局部信息来判断，因此 C 公司虽然制定了规章制度，但是其对公司规范化程度的自我评价较低。

A、E 等启动期企业，家族管理者将该公司规章制度落实程度高这一信息泛化到管理规范化程度高，而 C、D 等成熟期企业，家族管理者根据该公司规章制度落实程度低这一信息形成该公司组织管理规范化程度低的判断，这都是由于规模加剧了晕轮效应而形成的认知偏差。

因此认为由于规模和晕轮效应使得家族对组织规范化自我评价产生认知偏差。

2. 发现2的描述和解释

发现2：家族企业拒绝并排斥将股权分配给家族外成员——合伙人；但是在潜意识里接受上市这种形式。

简单描述发现：在多案例逐项复制中，家族企业产权集中度高。由于对剩余价值的索取权和交易费用等原因，家族企业拒绝将产权分配给家族外成员；C、D公司分别提到，当企业扩张到家族不能完全掌控的情况时会考虑上市，把股份卖给社会大众，家族只要掌握临界控股比例就可以了。经济学家厉以中认为，全世界的家族企业，都是通过股份制来改变自己，走上现代公司制的道路，中国也不会例外。这一点验证了笔者的发现。那么，将股份卖给社会大众和将股份卖给具体的张三或李四个人有何不同？

解释发现：上市集资形成规模经济效应。上市可以满足家族企业扩张所需要的资本，通过股票发行广泛地吸收社会上的闲散资金，从众多的股份购买者那里获得资本，而迅速扩大企业规模，增强产品的竞争力和市场占有率。充裕的资本为企业运行中的规模经济提供了可能性。

上市并未给家族带来高昂的谈判费用和监督费用。上市后，市场上零散的购买该公司股票的股东并不参与公司的每一个决策，不参与决策和管理的话，就不存在谈判费用和监督费用。家族企业上市后，原先的家族管理团队即成为小型管理团队。也就是说上市之后，管理团队的核心仍是家族，家族仍可以像以前一样将管理控制权集中在自己手中。上市对于家族来说，利远大于弊。家族企业获得了更多的发展资金，获得规模经济效益，但管理团队没有改变或只是微调，并未因此增加高昂的交易成本。相比之下，如果卖给个人，不仅不能获得规模经济效应，更要付出高昂的交易费用。

公司上市后，市场对公司的外部监控显著。公司未上市，其信息都是保密的，只有极个别的企业重要成员知晓，而重要成员对信息的管理方式通常是靠个人记忆，容易造成信息遗失；但公司上市之后就不一样了，根据有关法规规定，上市公司应于规定时间编制并公布反映公司业绩的年度报告和中期报告，这些报告反映了公司年度经营状况。上市公司的信息披露使得公司的经营情况更透明化，更易被市场监督。公司未上市时，管理层的决策失误等也许能通过后期的努力掩盖过去；但是上市之后，市场的反映很灵敏。大小股民发现公司经营不善，即会抛售该公司的股票，该公司股价表现为下跌。股价下跌是强烈的信号，告诉管理者，市场对该公司的认可程度在下降，公司应做出调整，挽回市场的信心。股价的涨和跌是市场对公司经营情况最直接的反馈。有益于家族及时发现并纠正管理漏洞，同时家族也可以借助股价涨跌情况来考察经理人业绩，监督经理人。

由此可见，家族企业愿意上市是因为将股权卖给大众不仅不会给家族带来高昂的交易费用，而且可以为公司筹集更多资本，带来规模经济，同时提供更有力的外部监控。

3. 发现3的描述和解释

发现3：从启动期到成熟期，家族企业员工自我参与企业管理决策的程度逐渐提高。

简单描述发现：在家族企业集权和分权情况分析中，一方面家族愿意倾听员工的意见和建议，并鼓励员工多提出自己的看法，虽然最终决策还是以家族意见为准。另一方面，其实在启动期时，员工是保留自己意见和建议的，即使家族三番五次鼓励员工畅所欲言；随着企业的发展，员工才逐渐开始表达自己，提高自己在公司中的参与度。

员工在家族企业发展初期决策参与意愿低的主要原因如下：

第一，普通员工能力的确有限。普通员工相对于家族管理者来说，能力上有高低之别；而且员工刚进入这个行业，对行业情况了解也不够。由于能力和信息方面的限制，员工提不出意见和建议实属正常，因此也不愿意提。

第二，普通员工没有产权，便自觉没有话语权，不愿意多事。家族企业决策权与经营权、主要投资者与主要管理者的身份都呈高度的二者合一，大部分重要管理岗位都由家族内成员担任，最终决策权掌握在“大家长”手中。普通员工与家族之间是一种纯粹的雇佣关系，与家族之间没有血缘关系，更不占有产权，普通员工没有动机去献言献策。此外，因为并不是每一位家族管理者都是开明的，能听进逆耳忠言，所以普通员工对家族有所顾忌。员工本没有献言献策的义务，只要做好本分的工作就好；万一一言不合，员工会顾忌到失去工作或被排挤的风险。

第三，从众行为。由于能力的限制以及不享有产权，家族企业中的普通员工更容易产生从众行为。普通员工通常向平级看齐，向大多数人看齐。当大多数人选择沉默时，剩下的小部分心中有些意见和建议的员工也会选择沉默，造成鸦雀无声。即使有少数人发表自己的看法，也难激起大众的思想火花。

第四，员工和家族之间签订的是不完全合约、短期合约。由于人的理性是有限的，对外在环境的不确定性无法完全预期，因此，家族和员工签订的是并未将未来可能发生的情况全部写入合同中的不完全契约。同时，一般员工与家族签订的合约有一定的年限规定，表现好，可以继续留用；表现不好，则走人。员工和家族之间实则是一种工人和资本家的关系，而他们之间短期的、不完全契约无法将他们牢牢地绑定在一起，无法使员工无私地站在家族的立场上去思考一些决策性的问题，形成组织承诺。即使员工提出了金点子，没有剩余价值索取权的员工相对于家族来说，得到的回报也是有限的。在员工内心的这一场要不要献言献策的博弈中，员工觉得失去工作或被排挤的风险将大于自己得到的回报，因此在启动期普通员工通常选择保留自己的意见和建议。

第五，资产的专用性。由于员工与家族之间的契约是不完全的、短暂的，员工流动率大，普通员工随时可能跳槽。尤其在中国劳动力供大于求的情况下，普通员工职位替代性较强，员工被解雇的风险较高，这也符合小数目条件。此外，中国家族企业历史普遍较短，未能形成强家族文化，员工忠诚度低。员工考虑到这些主动的、被动的离职风险，不愿意在某一个家族企业投入过多，因为员工在家族企业的工作中积累了与此相关的丰富经验，他的经验和技术是特定于这个企业的，使其形成资产专用性，不利于日后工作转换。这种资产专用性降低了劳动力资本重新择业的讨价还价能力。

由于以上员工能力、产权问题、从众心理、不完全契约和资产专用性等原因，在启动期时，普通员工倾向于选择沉默或观望，不表达自己的意见和建议。但随着家族企业生命的演进，由于家族和员工双方面的改进，员工参与度有所改善。一方面，家族有所改进，公司规章制度的逐步规范和两者之间的契约不断完善都有效地提高了对员工的保障，提高了员工的对家族的信任；另一方面，随着服务年限的增长，员工自身能力提高，与家族和企业培养出深厚的感情，以上原因促使着员工逐渐在正式和非正式的场合表达自己，参与决策的积极性提高。

五、本章小结

以上三个发现，虽然不是根据文献综述过程中提出的问题这一主线脉络进行分析而来，但这三个发现与文献综述过程中提出的问题联系紧密，家族自我规范化评价是用于界定企业所处生命周期的组织规范化中的一个维度，上市是产权分析中比较特殊的，而员工参与度集权和分权是从员工角度出发的一个维度。这三点都属于本书研究的范畴，是治理结构问题中的一个细小维度，但其呈现的规律或者现象比较特殊，因此将这三点作为意外发现。

以上三个发现不仅在研究范畴上属于企业治理结构范畴，而且在分析视角上仍采用交易费用理论，与命题分析角度一致。从交易费用理论来分析，发现 1 主要从认知偏差和规模两方面来分析家族企业对组织规范性自我评价越来越低的问题；发现 2 主要从谈判成本、监督成本和规模经济等原因探讨了家族为什么愿意上市而不愿意将股权分配给家族外的股东；发现 3 主要从能力、从众心理、不完全契约和资产专用性等因素分析员工参与度问题（见图 4.6）。

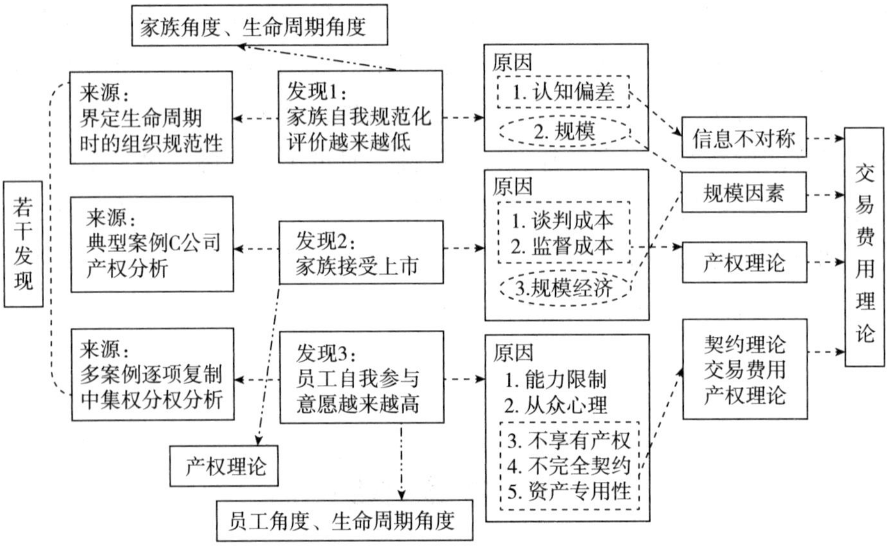
家族角度、生命周期角度
若干发现
来源：
界定生命周期
时的组织规范性
发现1：
家族自我规范化
评价越来越低
原因
1. 认知偏差
2. 规模
信息不对称
来源：
典型案例C公司
产权分析
发现2：
家族接受上市
原因
1. 谈判成本
2. 监督成本
3.规模经济
规模因素
产权理论
交易费用理论
来源：
多案例逐项复制
中集权分权分析
发现3：
员工自我参与
意愿越来越高
原因
1. 能力限制
2. 从众心理
3. 不享有产权
4. 不完全契约
5. 资产专用性
契约理论
交易费用
产权理论
产权理论
员工角度、生命周期角度

图 4.6　发现分析示意

第五章

研究 2：人际关系、决策与激励的案例分析

一、公司背景和组织概况介绍

G 公司成立于 2007 年，是一家德资的生产型制造公司，主要产品有无纺布辊轴制品和聚氨酯辊轴，多用于汽车行业的整车生产和纺织、钢铁等行业，在行业内卓有声誉，技术先进，与美国 3M 齐名。G 公司是德国家族型企业在昆山设立的唯一中国分公司，员工人数有五六十人，涵盖生产、管理和销售。公司管理分为两层，德国本部家族委派的亚太区总经理，下面分设生产和销售总监，财务、人事和行政业务都由行政部门总协调。

H 公司成立于 1997 年，总部位于上海金山，主要业务是树脂生产和销售，对应的下游业务是皮革原料等。H 公司全体员工有 300 多名，有着健全的组织结构，董事长兼任总经理，下设基本的产供销各部门；中高层管理者占到总人数的 10% 左右，中高层设车间主任，属于基层管理者。

J 公司位于河南光山，是 20 世纪七八十年代隶属于纺织部生产纺织器材的政办企业，经过改制成为一家私营企业。公司创始人和一些跟随他当初“打江山”的人，即成为当前公司的高层管理者，约占到 10%，他们

素质较低，很多都是农民、菜贩和下岗职工等，靠着当初的蛮劲儿和机遇走到现在的位置，部门齐全，但是很多被架空。各种公司制度、政策等比较混乱，有的没有，有的虽然公布和制定了，但是一纸空文。

K公司总部位于江苏无锡，成立于1986年，是在全国有着四五十家大型家居连锁超市的私营企业。K公司产品定位主打中高端消费群体，品牌均为国内一线知名品牌，在业内有着较高的市场占有率。该公司采用的是“市场化的经营模式+商场化的管理模式”，在业界声誉卓然，组织结构、制度齐全，管理规范，目前有几家风投和基金公司在谈判商议，预计未来几年会上市。

二、公司家族性特征介绍

G公司是德国家族企业在中国设的独资公司，由德国母公司百分之百持股，而德国母公司是由5个股东持股的股份制公司，这5个股东均来自X家族。G公司的母公司从成立之初至今股权份额基本没什么变化，始终由X家族掌握着绝对的拥有权。在经营管理方面，也是X家族中一对夫妇掌握经营权，他们出身技术，雇佣职业经理人打理，G公司的总裁就是X家族委任的。而在家族人员比例方面，公司中高级管理人员，如生产总监、销售总监或是行政总监都是通过外资猎头或社会上招募的；而普通的员工则是公开招募或猎头推荐等，后勤职位如保安、清洁员工等则外包给第三方公司。

H公司成立之初，由现在的老板和几个合伙人共同持股，后来出于经营方面的考虑，老板将合伙人的股份通过购买的方式逐步赎回了。现在是老板百分之百持股。老板出任董事长兼总经理，下设技术、生产和销售等部门经理，老板是核心的管理者，掌握着公司的经营管理权。全体员工三百多名，在家族人员比例方面，老板的亲戚、老朋友、同乡、熟人等占到中高层管理者百分之八九十；基层管理者和普通员工以社会招募为主，但是有“关系”的会额外照顾，整体来看，公司整个关系网其实织得非常密集。

J公司的股权分配，在家族成员内部经历过较大的变化。最初是父亲持有81%的股份，出任董事长兼总经理，大儿子持有19%股份；随着年龄的增加，父亲逐渐隐退，将股份转移给大儿子，目前是父亲持有11%股份，仍然担任董事长职位，大儿子持有81%股份，是公司的总经理，小儿子持有8%的股份，不参与经营管理。日常的经营管理主要由大儿子负责，因为是地方性企业，“地方本来就小，亲戚占了多数，还有许多是同乡”，只有为数不多的几个生产总监、销售总监等是外聘的。

K公司正在吸纳风投或基金公司的资金，想做大公司，努力争取近年上市。但该公司创始人和其家族成员仍然持有百分之七八十的股份，基金、投资公司持有略多于20%的股份。在经营管理方面，创始人Y某，出任公司董事长和CEO；他的太太负责财务、妹妹负责业务管理，显而易见，仍是Y家族掌握着该公司的经营管理权。除Y某出任集团董事长兼CEO外，10个副总裁中来自Y家族的亲戚（妹妹、妹夫、妻子）占据3席职位，3个大区总经理中有2个是家族成员，另外也有一些能力稍弱的家族成员担任着某些店面的总经理，Y家族成员在该公司中占的比例较大，作用明显。

综上所述，各公司的家族性特征概括归纳如表5.1所示。

表5.1 公司所有权、经营管理和家族人员情况

公司	所有权		经营管理权	家族人员比例
	成立之初	现在		
G	由母公司百分之百持股，其中X家族持有的股份占到60%左右	股份配置没有变化	X家族委任的中国区总裁	只有中国区总裁来自X家族，其他人员均是来自社会招募或猎头举荐
H	老板和几个朋友共同持股，老板占大头	老板逐步购回合伙人的股份，现在是百分之百持有	老板出任董事长兼总经理	和老板有着关系的中高层管理人员占到百分之八九十；有着非常密集的关系网

续表

公司	所有权		经营管理权	家族人员比例
	成立之初	现在		
J	父亲持股81%，大儿子持有19%的股份	父亲持股11%，小儿子持股8%，大儿子持股81%	父亲是董事长，大儿子是总经理	绝大多数是自己的亲戚，要么就是同乡，外面的人很少
K	老板独自创立企业，百分之百持股	老板所在的Y家族持股百分之七八十	老板是集团董事兼CEO，太太管财务，妹妹负责业务	在中高层管理者中，Y家族人员占到相当比例；同等条件下，会优先照顾自己人

如表5.1所示，4家公司无论在所有权还是在经营管理权方面，某个人或某家族都占着绝对优势。但是在家族人员比例方面，G公司由于是外国家族企业在中国设立的分公司，只有中国区总裁来自X家族，其他员工都是社会招募、猎头举荐或第三方服务公司提供，人际关系简单。其他3家公司家族人员占有相当比例，很多担任中高级管理者，发挥着重要作用。因此，H公司、J公司和K公司作为一组研究样本，G公司单独作为一组研究样本，两组研究样本形成对比，更能增强研究结论的说服力。

三、典型案例分析

（一）典型案例选择

H公司成立于1997年，受访人从2000年起就一直供职于该公司，对公司情况了解；受访人身为信息技术经理，深受老板器重，能够为我们提供比前面三位受访者更为全面的资料；同时H公司是一家非常典型的家族企业，也是最后一家访谈企业，吸取了访谈中的失误，技巧更为娴熟，获得了非常全面详尽的访谈资料。因此，拟选择H公司为典型案例，进行详细的案例分析。

（二）H公司的人际关系状况分析

从表5.2了解到H公司以老板为中心所形成的人际关系网非常密集，主要关系特征不外乎亲戚、老朋友、同乡等个人生活圈子中的几种。在组织结构方面主要体现为，私营老板本身担任董事长和总经理；中高层管理者中，自己的亲戚、朋友和同乡占到80%～90%；对于基层管理者，很少外聘，宁愿慢慢等待，等自己信得过的人成熟起来再担任需要位置。因此，H公司人际关系错综复杂，注重人情，注重可靠性和信任度。

表5.2　H公司人际关系状况

证据举例①	简单归纳	二级条目	一级条目
我们企业用人往往比较稳妥，以信、熟、靠为前提，亲朋好友是员工构成很重要的一部分，至少在信任度上没有问题	稳妥、信任	用人原则	人际关系概况
中高层管理者中，和我们老板是亲戚、同乡、老朋友的人要占到百分之八九十；基层管理者，像车间主任等以内部培养为主，提拔标准首先考虑可靠性，其次才是能力	老板的亲戚、合作多年的老朋友，可靠、对公司忠诚的同乡	管理者来源	
外部招聘同等条件下，会额外照顾有关系的人，有时候关系是第三方赋予的，这样在做事的过程中又会慢慢衍生出一些关系来 对于董事长、秘书等职位，没什么特别的，没有秘书，司机是外部招聘来的，仅仅是工作关系，不介入不参与业务	通常外部招聘，但是以本地人为主	普通员工来源	

① 本章表格中的“证据举例”来源于对附录中原始访谈笔录的整理。由于附录中原始访谈笔录为忠实还原访谈情景，里面有大量的口语、俚语、病句及重复语句。表格中的证据举例，根据研究目的和研究内容对原始访谈笔录中的相应内容作了节选和调整，故证据举例和附录中的原始访谈笔录并不完全一致（后同，不再一一注明）。

（三）H公司的组织协调状况分析

1. 任务/工作分配和资源配置方面

如表5.3所示，在普通员工工作安排方面，按照公司政策为大家分配任务，不会因为某个人是家族内部员工或和老板关系较近就额外照顾；在申请工作资源时，不像大公司那样有严格的预算控制，当然，有相对简单的正式的流程程序，即使超出预算，也是只要和老板解释就行，老板对下属有着较大的信任；而在分配某项重要任务时，老板会挑选具备完成这项任务能力或素质的人选，他一定是自己非常信任的人，以保证工作事态发展在自己掌握之中。

表5.3　H公司工作任务和资源分配协调情况

证据举例	简单归纳	二级条目	一级条目
我们现在普通员工的工作制度安排很正规，采用轮班制，三班制或是四班制，不太会因为某个人有关系而额外照顾他，工作本身也很轻松 公司每年末会协商制定下一年的目标，然后根据部门能力、领导者能力等分配任务，比较公平	根据生产任务和公司制度，平等地分配工作	普通员工工作安排	工作/资源分配
在项目中，如果需要申请经费，流程不麻烦，一般只要向经理打报告，然后批准就可以，一般也会批准。我们公司较小，真的超支了，和老板沟通下就好，不像大公司或外资公司那样设定很严格	流程简单，预算控制并不严格，只要和老板沟通好就可以	申请工作资源	
像你说的情况（重要的商务谈判、客户开发），我们老板挑选人时，他会直接出面，或会派几个相互互补的人过去，如有的人懂专业知识，有的人沟通谈判能力强，但是一锤定音的那个人，一定要是老板信得过的人	关键人一定是自己信得过的，其他候选人可能是某方面的能力或特长突出	分配重要任务或项目	

2. 决策与管理权限

从表5.4可以看出，在高层决策方面，H公司老板喜欢自己一个人说了算，有着非常强的自信，而且比较沉稳，对自己不熟悉的领域不会轻易决策；而中层以下组织层面的决策，一般管理者所在部门自己决策即可，具体怎样制定决策，老板不干预。在管理权限方面，即具体的工作执行、工作审核方面，老板似乎显得不放心，倾向于指导下属，下属不能放得开手脚。

表5.4　H公司的决策与管理权限归纳

证据举例	简单归纳	二级条目	一级条目
在整个公司的日常运营过程中，高层决策其实较少，一般是老板自己决策；老板这个人，比较求稳，他做决策时环境、条件等必须是自己可控或了解的，否则宁愿放弃那个机会或市场 公司发展到后来，老板逐步回购其他合伙人的股份，因为合伙人多的话，老板考虑到那样决策太慢，而市场机会是稍纵即逝的，有时候决策出来了，机会也被别人抢走了	单独决策，如果决策时面临的环境不可控或不了解，宁愿放弃	高层决策	决策与管理权限
大多数决策主要集中在中层管理者身上 中层管理者部门内做决策的话，主要看他个人，有的愿意和下属讨论，有的愿意凭以往经验自己拿主意	部门内的决策由部门层面做出即可	中基层决策	
公司是集权式的管理，有着民营企业很强的典型性特征。只有我的部门例外，因为老板对于信息技术这块不懂，无法在技术上支持我，所以都是我自己去审核	主管对下属“不放心”，喜欢干预或指导他们的工作	管理权限	

3. 激励和约束

由表5.5可见，在员工激励和约束方面，情况复杂，激励包括几种手段。在薪资方面，对于普通员工，薪资要比培训、旅游等手段更能起到激励作用，而和老板关系比较亲密的人容易获得额外照顾。对于关键员工或管理者来说，薪资的作用就比较脆弱了，他们在人性关怀、理解、自我价值实现方面有着更强的诉求，从这方面着手，效果会更好。在提拔、晋升员工方面，首先考虑的还是信任、可靠度，其次才是能力问题，这会打击非家族或人际关系较弱的人才。绩效考核方面，自己的主管发挥着很重要的作用。在约束员工行为方面，除依靠公司制度、政策外，主管的引导也很重要。

表 5.5　H 公司的激励、约束机制

<table>
<tr><th>证据举例</th><th>简单归纳</th><th>二级条目</th><th>一级条目</th></tr>
<tr><td>现在的人更多想的是工资涨一点，其实工人和企业信赖感蛮弱的，我觉得 Title 对他们吸引力不是很大
我们公司，员工比较满足，反而对培训、再教育等方面的诉求不是很强烈，老板有这个意愿但是效果不太好
员工薪资，在行业内处于中上游；因为公司在上升期，薪资不断改革，每年红包是大块儿，还有免费旅游机会
我们这些中高层管理者，发红包老板会论功行赏；对于普通员工，会根据部门业绩、员工表现等形成一个申请方案，最后主管定夺，往上汇报
发红包时，家族内的员工应该会多发一点，我们老板比较重感情，但是具体情况我们不知道</td><td>薪资水平不断提升，“发红包”时以业绩和老板的认可度为标准，对家族内成员有照顾</td><td>薪资</td><td rowspan="2">激励和约束</td></tr>
<tr><td>我们企业用人往往比较稳妥，以信、熟和可靠为前提，首先要信任度上没有问题
关于员工晋升升职方面，我觉得能力会考虑，但有时有失偏颇，实际上还是一个忠诚问题，其次才是能力，主要也就考察这两方面吧
目前为止，我们中高层管理者还没有走的，老板很聪明，如果当初看准了你会走，他就不会提拔或录用你
对于家族内部的人进入我们公司，如果是新人会让他从基层做起；如果有经验积累的会稍微照顾一点
管理者通过内部培养的占多数，有时候我们甚至愿意慢慢等待，将员工培养合格后让他担任这个职位</td><td>首先考虑可靠性和忠诚度，其次才是能力</td><td>提拔晋升</td></tr>
</table>

续表

证据举例	简单归纳	二级条目	一级条目
对我来说，吸引我的是老板给我提供了资源，可以实现我的一些想法，可以发挥我的专业知识和推广我的专业理念，体现自身价值 对于非常重要的员工，公司会多给点钱，生活中多关心关心你来挽留	培训、免费旅游、发挥事业的空间和情感关怀	其他激励手段	激励和约束
绩效考评是由部门负责的，生产部、销售部员工可以直接量化考核 我们部门无法具体量化，但每个人的工作贡献大小，我还是很清楚的 主管和员工的关系不好，影响会很大，尤其在我们这样一家讲人情、重关系的公司	具体的量化标准来自主管的认可度	绩效考核	
我和我的员工会做大量的沟通，至少认可我的理念和决策等，这样当实施一项制度、决策等，他们的执行力就很好 我会在日常工作中，告诉员工更多关于公司的事情、如何为人处世等，以免他们和其他员工或领导发生摩擦 对于员工工作中的失误，一般是提醒，次数多了会罚款，但是一般不会开除，只有那些道德败坏、恶意盗窃或破坏公司财务的人才会开除 只有在某个反面典型要拿来批评时，会考虑到关系影响，但不太多	公司政策、制度和主管的指导	约束	

四、跨案例分析

（一）人际关系情况

各公司人际关系情况，主要从用人原则、普通员工来源、管理者来源等方面进行分析，如表5.6所示。

表5.6　各公司人际关系状况

证据举例	公司	简单归纳	二级条目	一级条目
我们企业用人往往比较稳妥，以信、熟、靠为前提，亲朋好友是员工构成很重要的一部分，至少在信任度上没有问题	H	稳妥、信任	用人原则	人际关系情况
注重业绩 目标导向，业绩第一	G	能力业绩第一		
老头子担心外地人将他的钱卷走	J	尽量选择本地人		
完全社会化 量才使用	K	能力第一		
外部招聘同等条件下，会额外照顾有关系的人 对于董事长、秘书等职位，没什么特别的，没有秘书，司机是外部招聘来的，仅仅是工作关系，不介入不参与我们的业务	H	通常外部招聘，但是以本地人为主	普通员工来源	

续表

证据举例	公司	简单归纳	二级条目	一级条目
普通员工，比如生产工人、秘书等我们会直接通过社会招聘，尽量避开内部关系，一是为了避免人事上的麻烦，二是能够更好地进行工作配合	G	社会招聘，抵触关系	普通员工来源	人际关系情况
业务员都是本地人 那个地方本来就小，亲戚占了大多数	J	本地人/同乡		
主要是外部招聘	K	社会招聘		
中高层管理者中，和我们老板是亲戚、同乡、老朋友的人要占到百分之八九十 基层管理者，像车间主任等以内部培养为主，提拔标准首先考虑可靠性，其次才是能力	H	老板的亲戚、合作多年的老朋友，可靠、对公司忠诚的同乡	管理者来源	
亚太区总经理是德国 X 家族委派过来的 我是负责销售的，当初加入该公司是外资猎头公司举荐过来的，而负责生产的 W 经理和我们的行政经理 F 女士都是社会公开招募过来的	G	企业所有者 X 委派和猎头推荐等		
所谓的高层，就是那些原来农民、菜贩子和下岗工人最初跟着老爷子创业的一批人，都是亲戚、朋友和同乡 有两个负责销售和生产的老外，都是总监级别，其中一个老外是我以前的同事，所以也带我过去了	J	最初创业有业绩的一拨本地人		
3 个大区经理两个是家族成员；10 个副总裁中，有三四个是老板的亲戚	K	家族成员和外部人员		

由表5.6可知，首先在用人原则方面，H公司老板在整个企业发展上采取比较保守稳定的策略，同样地，在用人方面也追求稳定可靠，以“信、熟和可靠”为前提，强调信任度的重要性。同样地，J公司偏向用本地人，对外人有明显的排斥、不信任甚至严重的怀疑和提防倾向，充分体现了家族企业的排他性，而且由于该公司深处内地，地方偏僻封闭，管理者思想陈旧顽固，因此与H公司相比，它更强调稳妥可靠。而G公司和K公司则明显不同，采取“量才使用”，它们强调能力的重要性，这是因为公司结果或业绩导向所导致的。其次在员工来源方面，H、J公司都显示以本地人为主，而G、K公司统一社会招聘，员工来自五湖四海，这主要和公司所在地的地理位置及公司战略有关，如H公司位于上海金山、J公司位于河南某一县城，交通不便；而G公司和K公司都位于上海或上海周边，追求经营业绩或行业领先地位，可以依赖天然的地理优势，充分吸纳企业所需之才。因此家族企业如何选人用人和普通员工的构成比例怎样，并无一般规律性特征，主要取决于公司的经营战略。最后在管理者来源方面，尤其是高级管理者来源方面，H、J和K三家公司都显示家族成员、亲戚、朋友占到相当大的比例；G公司虽然作为一家外资家族企业，只有总经理来自德国总部的X家族，其他都是外部人员，但是采访中了解到，他们是不可能有机会接任或晋升为中国区总经理的，即关键的掌舵人一定来自X家族内部。综上分析有以下发现：

发现1：家族企业中，用人原则、普通员工来源方面并无一般性特征，主要取决于公司经营战略的需要；而家族企业中人际关系的复杂性主要体现在中高级管理者构成上，即家族成员、亲戚、朋友等会占到相当比例。

（二）各公司组织协调状况分析

1. 工作/任务和资源分配方面

有关“员工工作安排”的资料分析如表5.7所示。

表5.7 各公司员工工作安排

证据举例	公司	简单归纳	二级条目	一级条目
现在普通员工的工作制度安排很正规，采用轮班制，三班制或是四班制，不太会因为某个人有关系而额外照顾他 公司每年末会协商制定下一年的目标，然后根据部门能力、领导者能力等分配任务，比较公平	H	根据生产任务和公司制度，平等地分配工作	员工工作安排	工作和资源分配
例如生产部门，按照订单进行生产，订单多的时候会实行员工轮班制，不多的时候就一班。不会额外照顾某个人，大家都一样，比较公平	G	根据生产任务，公平地采用轮班制		
大多是本地人或亲戚，工作分配比较公平，不好偏向谁	J	平等对待		
即使是有关系的人，也要从基层做起，不会怎么照顾，比较公平	K	平等对待		

在工作安排方面，H公司和G公司一样根据订单量或顾客需求量的大小灵活地采用轮班制，由于工作本身比较轻松，加上可能主管要考虑整个部门或团队员工士气等方面的因素，家族企业并没有照顾有关系的人；同样地，J公司和K公司虽然没有具体讲到工作的安排和分配，因为熟人太多或是公司政策的要求，明确表示不会因为关系而额外照顾有关系的人。综上分析有以下发现：

发现2：虽然家族企业中有着较为复杂的人际关系，但是在工作任务的分配协调方面，更多地依靠目标导向机制，人际关系没影响。

有关“申请工作资源”的资料分析如表5.8所示。

表 5.8　各公司工作资源申请或获取

证据举例	公司	简单归纳	二级条目	一级条目
在项目中，如果需要申请经费，流程不麻烦，一般只要向经理打报告，然后批准就可以，一般也会批准。我们公司比较小，真的超支了，和老板沟通下就好，不像大公司或外资公司那样设定得很严格 我们老板对我们还是比较信任的，能做到这个位置上的人，如果不是信任，当初也不会提上来或挑选我们合作	H	流程简单，预算控制并不严格，只要和老板沟通好就可以	申请工作资源	工作和资源分配
每年年初，每个部门都会有经费预算，这个是基于前几年的经费费用初步预估的，我们部门自己也会做好控制，一般也够用，不会发生超支	G	按照预算，小心使用		
业务员会到车间里抢货，老的业务员容易拿到货 老爷子提防外地人，总怕外地人将他的钱卷跑了	J	有关系的人容易获得		
申请费用一般比较容易，只要不超过预算 现在公司准备上市，越来越严格规范，如果费用超出预算，要写书面的解释报告	K	目前控制比较严格		

很明显，在申请工作资源方面，G 公司有着严格的预算控制，在日常运营中部门要自觉做好控制，不可以超出预算。K 公司现在虽然在申请资源方面比较严格，但是从受访者提供的材料中，应该主要是公司最近在抓紧上市不得已而为之的一项财务政策要求，而且不难推断，在此之前申请工作资源相对更自由宽松些，即使有时候发生超支，和老板沟通下就好。而 H 公司申请资源流程很简单，即使发生预算超支，只要和老板私下沟通就好了，老板对下属比较信赖。J 公司在财务政策上不规范，老板明显排斥外地人，时刻提防他们，因此和老板有着私密关系的人容易获得工作资源。因此，和外资公司不同，家族企业中申请工作资源的流程相对简单，

预算控制也较为轻松，但是那些有着关系的人容易获得老板的信任从而更容易获得或可以获得更多更好的工作资源。综上得出以下现象：

现象 1：在 H 公司和 K 公司中，有关系的人明显更容易获得工作资源，而 G 公司和 J 公司相对严格，必须根据公司政策和工作目标需要一步步申请资源。

有关“特殊、重要工作任务的分配”的资料分析如表 5.9 所示。

表 5.9　各公司重要、特殊工作任务分配安排

证据举例	公司	简单归纳	二级条目	一级条目
像你说的情况（重要的商务谈判、客户开发），我们老板挑选人选时，他会直接出面，或会派几个互补的人过去，如有的人懂专业知识，有的人沟通谈判能力强，但是一锤定音的那个人，一定要是老板信得过的人	H	关键人一定是自己信得过的，其他候选人可能是某方面的能力或特长突出	重要工作任务分配	工作和资源分配
无描述	G	无描述		
在本地人或自己亲戚、朋友能力明显不足的情况下，会派我们这些外地人去接手；但是，每天我们每个人必须用手机向他汇报	J	首选亲戚、朋友、同乡，最后才是外地人		
我们公司卧虎藏龙，遇到重要工作任务时，当然是有能力者居之 同等条件下，还是家族成员的机会更多些	K	有能力者居之，在能力相等的情况下，优选有关系的人		

在面临重要任务和工作分配（如重要商务谈判、新市场开拓等）时，H 公司老板考虑得比较全面，但是关键人物一定是自己信赖的人。J 公司在不得已情况下才会用外人，但是明显不信任，监督和约束方式也非常原始，这可能和该公司地方偏僻、人思想保守和排外思想有关。K 公司相对比较公平，根据下属以往业绩、表现、能力等选拔候选人，但还是会照顾有关系的人，这可能和家族企业中人情浓厚分不开。综上得出以下现象：

现象2： H公司、J公司和K公司在遇到重要工作任务选拔候选人时，虽然一定是有能力的人担任，但是也会选择一些有关系的人，后者的机会明显更多一点。

2. 决策和管理权限

有关“高层决策”的资料分析如表5.10所示。

表5.10　各公司高层决策机制

证据举例	公司	简单归纳	二级条目	一级条目
在整个公司的日常运营过程中，高层决策其实较少，一般是老板自己决策 老板这个人，比较求稳，他做决策时环境、条件等必须是自己可控或了解的，否则宁愿放弃那个机会或市场	H	单独决策，如果决策时面临的环境不可控或不了解，宁愿放弃	高层决策	决策和管理权限
公司层面的话，我们会和亚太区经理一起讨论，他愿意倾听并听取我们的意见	G	民主讨论，愿意采纳下属意见		
形式上也会举行会议讨论吧，但是效果不好，大家各说各的 老板私下已经有了决策，我们对他的影响力不大	J	有讨论形式，但实际上是老板自己拿主意		
会议讨论决定，鼓励大家畅所欲言，积极发表意见，但是最后还是由老板定夺 你说的那种情况（大多数人意见和老板相左），不多，即使有，下决策时老板也会以自己的主意为准，比较自信 大家的意见一视同仁，从来不会说是比较偏袒于某个亲戚的意见，遵守公正公平原则	K	充分民主讨论，但是以老板的意见为主		

在制定高层决策时，J公司虽然名义上有讨论协商的会议形式，但是形同虚设，老板早已经有了主意，下属意见或杂音影响不大。H公司制定

高层决策时，老板直接拿主意，然后再往下公布通知。K 公司相对民主，在听取大家意见时能够一视同仁，不会偏袒某些有关系的人，但是决策时，由于老板个人比较自信，多以自己的意见为准。形成鲜明对比的是 G 公司，老板愿意听取并采取下属的意见。综上得出以下现象：

现象 3：H 公司、J 公司和 K 公司在制定高层决策时，尽管形式上可能会有民主讨论的形式，但是最终做决策时，老板通常更倾向于以自己的意见为主；另外，在听取或采纳下属意见时有关系的人并没有受到特殊照顾。而 G 公司反而比较民主，老板尊重并采纳下属的意见。

有关“中基层决策”的资料分析如表 5.11 所示。

表 5.11　各公司中、基层决策机制

证据举例	公司	简单归纳	二级条目	一级条目
大多数决策主要集中在中层管理者身上 中层管理者部门内做决策的话，主要看他个人，有的愿意和下属讨论，有的愿意凭以往经验自己拿主意	H	部门内的决策由部门层面做出即可	中基层决策	决策和管理权限
部门层面的决策，一般会事前有一个结果，只要亚太区经理批准即可 我们在部门内，可以自己做决定	G	部门内的决策由部门层面做出即可		
他们文化水平很低，素质不高，很多决策都是拍脑门拍出来的 他们主观地为产品定位，比如所谓的高端产品就是价格高，完全没什么逻辑	J	凭感觉做决策		
像我们这种门店总经理，一般是开会讨论决定，当然决策权在我这，我会和他们沟通解释，使他们相信我的决策 基层管理者，面对的决策一般也比较小，有时候就自己拿主意了吧	K	中层管理决策：民主协商 基层管理者：可能是单独决策		

在制定中基层决策方面，H公司主要由管理者做出，决策形式既可能是部门主管独立决断，也有可能是部门内部讨论决定，主要取决于管理者的个性、下属能力和部门氛围等。同样地，J公司和K公司也一样，决策主要由管理者自己或通过内部讨论做出，但是，明显地，J公司的决策形式上不严谨。而G公司中层以下的管理者，决策形式没有显示出明显的独特性。综上得出以下现象：

现象4：在制定中基层决策时，以上四家公司表现出了很强的一致性，都是部门内部自己决定，决策形式有可能部门主管自己独立决策，也有可能是民主决策。

有关“管理权限”的资料分析如表5.12所示。

表5.12　各公司管理权限机制

证据举例	公司	简单归纳	二级条目	一级条目
公司是集权式的管理，有着民营企业很强的典型性特征。只有我的部门例外，因为老板对于信息技术这块不懂，无法在技术上支持我，所以都是我自己去审核 老板，对其他部门的干预，可能是不放心吧，干预还是蛮多的	H	主管对下属“不放心”，喜欢干预或指导他们的工作	管理权限	决策和管理权限
亚太经理只注重业绩，不会干预具体的工作	G	工作自由度较大		
业务员能卖高价就卖高价，不行的话就再降价，根本没有最低价格的限制，等财务核算发现问题时，也只是提醒一下 管理分层经营，每个车间采用承包制，独立经营	J	自由性过大，随意性强		
完全按规则办事，每年费用有预算，如果超了，需要大区经理批准；业务招待会，我的审批权限只有1000元 营销企划案做好了，要花多少钱，怎样实施，各阶段需要怎样准备等等，都要提前形成详细的书面报告送上去	K	权限设定严格，工作步骤详情需要据实上报		

在下属和员工所授予的管理权限方面，H公司有着很强的集权特征，除那些不熟悉的领域外，老板或主管在工作上喜欢干预、指导下属做事情。J公司由于政策不规范或政策执行力不强等因素，员工为了完成业绩有着很大的自主权和随意性，甚至有时候会给公司带来损失。K公司则是严格遵守公司政策，不允许越规办事，在管理权限和工作自由度上，主管虽然不会直接干预，但是每一阶段的工作内容、工作步骤、工作效果等如实汇报。相反地，G公司的管理者在公司政策下，自由地规划或部署工作，只需要汇报给老板满意的业绩即可，这和该公司目标导向、老板本身没有融入中国文化有很大关系。综上分析有以下发现：

发现3：H公司、K公司和G公司，员工或管理者被授予的管理权限或工作自由度都不大，原因主要来自两个方面：一是整个组织是集权式的管理；二是公司政策或制度的严格要求。相反，J公司管理者和员工工作权限过大，随意性极强，主要是因为公司制度不规范、管理粗放引起的。

3. 激励和约束

有关“激励手段”的资料分析如表5.13所示。

表5.13 各公司薪资等物质激励手段

证据举例	公司	简单归纳	二级条目	一级条目
现在的人更多想的是工资涨一点，其实工人和企业信赖感蛮弱的，我觉得Title对他们吸引力不是很大 员工薪资，在行业内处于中上游；因为公司在上升期，薪资不断改革，每年红包是大块儿 我们这些中高层管理者，发红包老板会论功行赏；对于普通员工，会根据部门业绩、员工表现等形成一个申请方案，最后主管定夺，往上汇报 发红包时，家族内的员工应该会多发一点，我们老板比较重感情，但是具体情况我们不知道	H	薪资水平不断提升，“发红包”时以业绩和老板的认可度为标准，对家族内成员有照顾	薪资物质手段	激励和约束

续表

证据举例	公司	简单归纳	二级条目	一级条目
公司在成立之初，并没有设岗位补贴和房屋补贴，后来随着公司的成长，才新增了这两种补贴 薪资水平，每年会随物价水平、CPI 指数等进行调整，另外会随着员工工龄，工资每年提高 5% ~10% 薪资水平在当地处于比较高的水平，员工比较珍惜工作机会，岗位相对固定	G	薪资水平不断提高，并且和业绩、贡献成正比	薪资物质手段	激励和约束
劳动力不便宜，员工工资低的 3500，高的五六千 薪水主要由底薪和奖金两大块构成；优秀的业务员，据我所知，应该没有额外奖励 老爷子比较抠门，而且那么多沾亲带故的人，不会（在发红包时）额外照顾谁的	J	薪资较高，没有额外照顾谁		
薪资结构是底薪 + 津贴 + 提成，如果整年度经营业绩好，会有奖金；我们每年也会根据以往的经验教训和市场情况进行调节或改革 一般来说，承担的责任越大，工资越高，每个职位的工作系数不同 我们的工资在行业内处于高水平，因为我们业绩一直不错 年底发红包，是人事部门在操作的，有一套制度在里面，没有额外照顾有关系的人，有可能在测评环节稍微照顾下，比如主观方面给主管或其他人打得稍微高一点点也是可能的	K	薪资水平较高，并且和业绩、贡献成正比，对有关系的人在测评环节可能有所照顾		

薪资、物质手段是激励员工非常重要的手段。H 公司的薪资在行业内处于中上水平，由于公司在上升时期，员工的薪资福利逐渐提高和完善，

加上公司处于上海远郊，这使得员工流动率很低；而在年底发红包时，老板本身重情义，家族责任感也较强，所以发红包时对他直接管辖的下属和自己亲密的人稍微照顾下。J公司老板本身很自私，亲戚、熟人又多，（发红包时）采取了一视同仁的态度，没有照顾有关系的人。而K公司比较注重公平性，薪资制度完善，而且也在不断改进，即使到年底发红包略微存在一些照顾也是比较隐蔽的。而G公司人事关系简单，一切奖金、红包等按照公司制度来。综上得出如下现象：

现象5：H公司和K公司在薪资方面还是或多或少地照顾有关系的人，但是都带有隐蔽性，而且直接主管对员工薪资或其他物质奖励方面的影响大，而J公司和G公司则不存在这种偏袒和照顾性。

有关“提拔晋升”的资料分析如表5.14所示。

表5.14　各公司提拔、晋升等激励情况

证据举例	公司	简单归纳	二级条目	一级条目
我们公司在用人方面，比较稳妥，以信、熟和可靠为前提，首先要信任度上没有问题 关于员工晋升升职方面，我觉得能力会考虑，但有时有失偏颇，实际上还是一个忠诚问题，其次才是能力，主要也就考察这两方面吧 目前为止，我们中高层管理者还没有走的，老板很聪明，如果当初看准了你会走，他就不会提拔或录用你 对于家族内部的人进入我们公司，如果是新人会让他从基层做起；如果有经验积累的，会稍微照顾一点 管理者通过内部培养的占多数，有时候我们甚至愿意慢慢等待，将员工培养合格后让他担任这个职位	H	首先考虑可靠性和忠诚度，其次才是能力	提拔晋升	激励和约束

续表

证据举例	公司	简单归纳	二级条目	一级条目
普通员工的选拔晋升主要靠业绩，业务能力一定要强，否则难以服众，然后还要有一定的领导能力和协调能力 公司很明确，是目标导向模式，生产组长是内部提拔，像我和管生产的王经理这种中高级别的管理人员，则会通过社会招募	G	目标导向，只有业绩好、其他素质尚可才能被提拔	提拔晋升	激励和约束
无描述	J	无		
部门经理和总经理形成一个PD小组，对候选人进行评选，因为我们公司处于快速扩张期，如果能力达到了，下次有机会，会直接调过去 有关系的人也要从基层做起，只不过能力强的话就升得快，但是能力达不到的话，肯定不行	K	能力第一，同等能力下，有关系的升迁得更快		

H公司在提拔晋升员工时，很明显最重要的是来自主管的信任，首先必须要主管信任且工作稳定性好，对公司忠诚才有可能提拔晋升，其次才是能力，公司宁可给忠诚的员工时机等他能力具备之后再提升。K公司则先选能力第一，只有能力突出才会被提拔，但是，有关系同时能力也强的话，晋升更快。而G公司，大家机会均等，想要提拔晋升，一定要有突出的业务能力。综上得出如下现象：

现象6：在提拔晋升员工方面，H公司最关注的是员工的忠诚度和稳定性，能否获得晋升最主要的是主管信任度；K公司重视员工的能力素质，在能力差不多的情况下，有关系的人机会相对更多；而G公司则完全结果和目标导向，关系不重要，只要有能力，能够给公司带来效益就会晋升。

有关“其他激励手段”的资料分析如表5.15所示。

表5.15　各公司其他激励手段

证据举例	公司	简单归纳	二级条目	一级条目
对我来说，吸引我的是老板给我提供了资源，可以实现我的一些想法，可以发挥我的专业知识和推广我的专业理念，体现自身价值 对于非常重要的员工，公司会多给点钱，生活中多关心关心你来挽留 我们公司，员工比较满足，反而对培训、再教育等方面的诉求不是很强烈，老板有这个意愿但是效果不太好 免费旅游机会	H	培训、免费旅游、发挥事业的空间和情感关怀	其他激励手段	激励和约束
各种补贴、保险和增加其他福利；提供培训，增强工人技能 员工流动率不高，因为公司技术先进，有着很好的发展前景，未来有保障	G	培训和公司良好的发展前景		
没有描述	J	无		
经常提供培训，公司有专门的管理学院，让员工学习成长 根据员工业绩和管理者职位的高低，会提供经费不同的出国旅游机会 我们公司主要靠公司文化、事业和未来发展方向等留人	K	学习成长、公司文化、事业发展空间		

除物质手段和晋升，在激励员工方面，H公司提供了培训、出国游等，但关怀和发挥所长、实现自己想法的空间和机会更能吸引中高层管理者。K公司和G公司的共同点是，通过给员工提供培训学习的机会和公司良好的发展前景等来挽留员工，对管理者和关键员工，给他们提供未来事业更多的机会和成长空间更有效。综上分析有如下发现：

发现4：尽管公司可能提供了培训、出国游、人性关怀等来吸引和挽留员工，但明显公司良好的发展前景和更多发展事业的机会更有效，尤其对于那些关键员工和管理者。

有关“绩效考评”的资料分析如表5.16所示。

表5.16　各公司绩效考评情况

证据举例	公司	简单归纳	二级条目	一级条目
绩效考评是由部门负责的，生产部、销售部员工可以直接量化考核 我们部门无法具体量化，但每个人的工作贡献大小，我还是很清楚的 主管和员工的关系不好，影响会很大，尤其在我们这样一家讲人情、重关系的公司	B	具体的量化标准或来自主管的认可度	绩效考评	激励和约束
人事应该有详细的考评办法吧，具体我也不是太清楚，我手下的业务员就是拿业绩说话，只要业绩好就行，当然，也不可以违反公司政策	G	依据考评制度测量		
没有什么考评办法，就是年终总结工作时，谁的工作不好，业绩不好，少发点奖金或者扣着工资	J	无测评		
完全的标准化考核，比方说，完成了多少利润、满意度结果、培养了多少名干部等，还有很多其他的测量指标，我们一直在学习，在改进 公司不同职位员工，人事部会有不同绩效考评方法，比如一线员工采用360度考评法 有关系的人可能在测评环节，稍微照顾下，比如主观方面给主管或其他人打得稍微高一点点也是可能的	K	标准化考核，但在一些主观性环节会隐性照顾有关系的人		

在绩效考核方面，H 公司考评政策不完善，对于生产、销售可以量化的部门，直接采用销售量和产量等定量指标来考核，对于那些非量化部门如行政部门、信息技术部门，下属的绩效水平则主要由主管来决定。J 公司非常粗犷，业务部门就是年终和年初制定的目标对比，而非业务部门就没有考评。K 公司有着非常详细完善的考评制度，而且不同部门的绩效测评方法也不同，但是，对于有关系的人，主管或其他相关同事在主管评价指标方面会稍微照顾下。G 公司则直接由行政部门来负责。综上得出如下发现：

现象 7：主管对下属的认可度、信任度等和员工绩效水平的高低有着非常强的关系，尤其是在非量化部门，而且即使有着完善严格的绩效考评制度，也可以在这一环节上关照有关系的人，这种做法看起来非常隐蔽，似乎也比较公平。

有关“约束”的资料分析如表 5.17 所示。

表 5.17　各公司约束机制

证据举例	公司	简单归纳	二级条目	一级条目
我和我的员工会做大量的沟通，至少认可我的理念和决策等时，这样当实施一项制度、决策等时，他们的执行力就很好 我会在日常工作中，告诉员工更多关于公司的事情、如何为人处世等，以免他们和其他员工或领导发生摩擦 对于员工工作中的失误，一般是提醒，次数多了会罚款，但是一般不会开除，只有那些道德败坏，恶意盗窃或破坏公司财务的人才会开除 只有在某个反面典型要拿来批评时，会考虑到关系影响，但不太多	H	公司政策、制度和主管的指导	约束	激励和约束

续表

证据举例	公司	简单归纳	二级条目	一级条目
公司各种规章制度明确，如果员工出现失误，以提醒为主，如果失误较大，会罚款或开除；我们之前就有一个财务人员因为做错账，被开除的，没有人求情，自己的错误自己承担 我之前，公司刚成立时也有个销售经理，后来由于公司业务的开拓，能力不足，就让他请辞了 由于我们的原材料、技术的先进性，王经理和公司签有保密协议，我自己和公司也签有客户保密协议等，重要的是公司支付的工资，在业内在同等位置确实是比较高的，再找到比现在好的也不容易	G	制度规范，政策协议和较强的违规惩罚力度	约束	激励和约束
没有设定最低价格，业务员有的时候为了赚销量，肆意压价，财务核对发现亏损时，也只是提醒一下 每天必须以手机短信的形式向老爷子汇报，我不理他，也没什么	J	政策不规范，执行力差，管制原始		
我们实行末位淘汰制，连续3次最后一名就会被淘汰 有严格的规章制度，着重于制度流程，所有员工都要遵守 但是，员工经常在某项制度上超越或出问题的话，我们也会烦死，重新修改制度	K	竞争淘汰制和严格的公司政策		

为了完成组织整体目标和保护公司利益，除激励员工外，约束员工的行为也是非常重要的一方面。H公司要求员工严格遵守相关政策、规则和制度，如果员工违反，多是提醒或罚款，只有对道德品行有问题的人才会开除；另外，主管的引导和教育也是约束员工行为方面非常重要的一个手段，能够做到防患于未然。K公司政策整体严厉，实行末位淘汰制，达不到指标3次以上会被开除；但是，面对被员工经常违反的政策，公司层面

也会做出反思和改进。J公司因为制度政策本身就不规范，有的只是流于形式或形同虚设，员工行为非常自由随意，即使给公司带来损失，也是提醒一下。而G公司和K公司相似，政策严格，如果违反多次或给公司带来损失，就会被开除。综上得出如下现象：

现象8：G公司、H公司和K公司都有着完整规范的制度和规则来约束员工行为，但是违规行为的惩罚力度各不相同，主管的引导是约束员工行为非常有效的手段。J公司本身制度规则不完善或执行力较差，员工行为随意性极大，约束力量较薄弱。

五、多案例归纳比较分析

（一）工作任务和资源分配

由表5.18可见，在普通员工工作安排方面，众所周知，一个公司中数量最多的是普通员工。根据奥尔森的思想：一个人在面对面接触的小集团内追求情感收益的动力大于在大集团（非友谊集团）中对情感收益的追求动力。普通员工群体本身就是一个大集团，如受访材料中谈到的，员工对经济收益有着强烈的追求动力，而对情感收入的追求极其有限，员工与员工之间各自追求收入最大化，明确各自的权利和责任，按照公司政策规定惩罚或奖赏，实现总体收入最大化，“正式制度”非常有效。有关系的想在大集团中得到照顾，那就意味着其他人的妥协牺牲，由于普通员工情感性追求不敏感，要实现这一点并不容易，因此会增加大量的沟通成本和讨价还价成本。所以，虽然和外国家族企业相比，中国家族企业有着更为复杂的人际关系，但是人际关系发挥的作用并不大；相反，企业组织更多地依赖目标机制来协调这一问题。

表 5.18　各公司工作任务和资源分配协调比较

	G 公司	H 公司	J 公司	K 公司	来源
普通员工工作安排	根据工作任务和公司制度轮班，很公平	有着较为复杂的人际关系，但是在工作任务的分配协调方面，更多地依靠目标导向机制，人际关系没影响			发现 2
工作资源申请获得	必须根据公司政策和工作目标一步一步地申请资源	有关系的人明显更容易获得工作资源		同 G	现象 1
重要工作任务分配	按能力选拔候选人	遇到重要工作任务选拔候选人时，虽然说一定是有能力的人担任，但是另外也会选择一些有关系的人，他们的机会明显更多一点			现象 2

在工作资源的获得方面，工作资源和所有资源一样具有稀缺性特点，为了有效合理使用而不被浪费，公司组织自然会制定各种政策、制度和较强的执行力来实现。根据交易费用理论，由于家族是有限理性，他们无法做到最好，只能做到尽可能好。面对诸多的工作资源的申请人，申请人和家族之间的信息并不对称，家族信息比较透明容易获得，而对申请人的信息获取必须付出大量的时间、精力和金钱等信息成本，同样地，如果是和家族有关系的人，家族对他的信息情况肯定了解得更彻底全面，并且不需要支付太多成本。另外，由于信任的作用，使得家族打消了申请人可能采取机会主义的顾虑。因此，由于有限理性、信息不对称和机会主义造成的交易成本，和家族有关系的人的交易成本要远远小于外人，因此他们更容易获得工作资源。H 公司、J 公司的情况验证了我们的结论，尽管 K 公司情况特殊，这和该公司上司想通过规范的管理、优秀的财务业绩获得专业机构更好的评测结果，进而吸引股东争取上市有着密切关系。

在获得接受重要工作任务机会时，如需团队来完成，工作完成进度、质量还要有大量的跟踪和监督。首先，在挑选候选人时，家族和候选人存在着明显的信息不对称，家族信息公开很容易获得，而候选人可以提供虚假信息或隐瞒关键信息，家族处于弱势。其次，在团队工作过程中，不可避免地存在摩擦、不适应的情况，团队需要大量的沟通才能增进了解减少矛盾。最后，因为候选人完成任务期间的活动花费和他们本人无关，而是公司成本，为了保证公司利益不受损害和工作质量准时高效完成，必须要进行监督。如果候选人是家族成员或非家族成员，对于家族来说，获得候选人的信息准确经济，来自一个圈子可以大大降低摩擦沟通成本，还可以减少机会主义的威胁，因此他们容易获得这些接受重要工作任务的机会。由此，得出如下命题：

命题1：资源和重要工作任务机会的稀缺性和价值性使得家族对交易成本十分敏感和重视；由于受到有限理性、信息不对称、投机主义等因素的影响，交易费用大大增加。因此，家族成员或熟人更容易获得工作资源和接受重要工作任务的机会。

（二）决策和管理权限

由表5.19可见，在制定中基层决策时，四家公司几乎都显示，只要部门层面直接决策就好，老板不会干预。研究表明，中基层管理面对的大多是程序化决策，根据公司政策和以往大量决策经验很容易就做出准确判断；反之如果民主协商讨论，下属很可能为了争取自己的利益而隐瞒或提供虚假信息，为了各自的利益争执不休，主管需要沟通协调。因此，部门层面的决策只需要自己做出之后上报即可，越是高级管理者，时间精力有限，完全没必要处理这些程序化决策。因此在家族企业的部门层面的决策，中基层管理者定夺即可。在下属赋予的管理权限方面，G公司、H公司和K公司一致表明权限和自由度不大，主要是由于公司完善的政策和监督体制，或者是家族企业中主管对下属工作的干预。这其中很大部分原因是，家族企业中的主管更喜欢引导、干预下属的工作。根据结论，家族企业中家族或泛家族人员的管理者占到相当比例，吸引他们或他们感兴趣的是自己事业的发展空间、情感诉求和专业理念推广等，他们“社会人”的表现和独有的英雄情结更强烈，所以自然地在工作中给予指导、干预较多。而在J公司，员工极其随意，这和当地区域文化，公司管理不规范有着密切关系。

表5.19　各公司的决策制定、管理权限比较

	G公司	H公司	J公司	K公司	来源
高层决策	比较民主，老板极其尊重并采纳他们的意见	形式上可能会有民主讨论的形式，但是最终决策时，老板通常更倾向于以自己的意见为主；另外，在听取或采纳下属意见时，有关系的人并没有受到特殊照顾			现象3
中基层决策	部门内部自己决策即可，决策形式多样，有可能管理者自己直接决定，也有可能内部讨论				现象4
管理权限	同H公司	员工或管理者被授予的管理权限或工作自由度都不大	管理者和员工工作权限过大，随意性极强	同H公司	发现3

通过以上分析，在制定高层决策时，中国家族企业的高层管理者比较专制，而外国家族企业的总经理更为民主。中国家族企业的管理者多是与家族企业有关系的人，而且管理者比较稳定，高层管理者或老板对能力、观念、知识结构、水平等非常了解，对他们的信息掌握得比较充分，所以，在制定决策前高层管理者对下属的想法已经了然于胸；即使通过民主协商的会议讨论形式，也很难听到独到的见解，而且高层决策通常和部门利益息息相关，部门经理很可能为了保证自己的利益不受侵害，而抗拒某项正确的重要决策；如果会议上，部门和部门相互针对，只能浪费公司组织会议成本、沟通成本等重要资源。由此，得出如下命题：

命题2：高层决策会产生大量的信息搜索费用和谈判费用，造成高昂的交易成本；而由于决策者能力和个性特征的作用，这些高昂的交易成本无法有效地实现其价值。因此，中国家族企业在制定高层决策时通常采用个人（经验）决策方式。

（三）激励和约束

由表 5.20 可见，对于如何吸引和挽留员工，四家公司不约而同地发现，相比培训、出国游等激励手段，对于中高级管理者和核心员工，给予他们更多发展事业的空间和机会是更有效的手段。根据马斯洛的需求层次理论，在生存、安全需求均满足后，人会追求尊重、认可和自我价值的实现，物质激励仅限于员工低层次需求未满足前。在约束员工行为方面，主要来自公司政策、主管的引导和对违规行为的惩罚力度，但是 J 公司对员工的约束非常少，主要是公司政策不完善和现有政策执行力弱导致的。

表 5.20　各公司的激励、约束协调机制比较

	G 公司	H 公司	J 公司	K 公司	来源
薪资等物质激励手段	不存在任何偏袒和照顾性	或多或少对那些有关系的人有照顾，但是都带有隐蔽性，而且直接主管对员工薪资或其他物质奖励方面的影响最大	不会额外照顾那些有关系的人	同 H	现象 5
提拔晋升	完全结果和目标导向，关系不重要，只要有能力，能够给公司带来效益，就会晋升	最关注的是员工的忠诚度和稳定性，能否获得晋升主要依赖于主管的信任度	无	重视员工的能力素质，在能力差不多的情况下，有关系的人机会相对会更多	现象 6
其他激励手段	尽管公司提供了培训出国游、人性关怀等来吸引和挽留员工，但明显地，公司良好的发展前景和更多发展事业的机会更为有效，尤其对于那些关键员工和管理者				发现 4
绩效考评	主管的意见并不太重要，关键是能力	主管对下属的认可度、信任度等和员工绩效水平的高低有着非常强的关系，尤其是在非量化部门			现象 7

续表

	G公司	H公司	J公司	K公司	来源
约束	完整规范的制度和规则约束员工行为，但是对违规行为的惩罚力度各不相同，另外，主管的引导也是约束员工行为非常有效的手段		约束力量非常薄弱	同G公司和H公司	现象8

在中国物质水平不发达的情况下，薪资等物质手段是激励员工非常有效的手段。H公司和K公司都存在对家族关系人的照顾，但是方式比较隐蔽，要么是私下进行，要么是通过提高这些人的绩效测评水平进而实现较多的薪资收入。对于家族外部人，如果想获得进一步发展，必须想尽一切手段使自己靠近家族圈子，实现泛家族化，以获得家族的信任，在绩效测评环节，通过对家族关系人的照顾来拉拢他们，双方互惠，是成本最低的手段。另外，考虑到家族企业作为一个组织，为了减少其他成员的不公平感，导致降低产出或其他损失公司利益的恶性结果，所以要通过一种隐蔽的方式来实现。心理契约是雇佣双方对雇佣关系中双方应该付出什么，同时应该得到什么的一种主观心理约定。家族成员在企业中有高身份感、高工作稳定性和高情感投入，他们和家族之间的心理契约具有高度一致性。一旦稍微额外照顾或支付多工资，因为心理契约的作用和家族成员的利他主义倾向，他们会为企业付出更多，更加忠诚，大大减少了心理契约成本，降低了交易费用。由此，得出如下命题：

命题3：受到有限理性、资产专用性、信息不对称的影响，家族往往选择最经济的绩效测评模式，即依靠主管来对员工进行测评。在这一环节，家族成员、熟人凭借拥有优良的社会资本和广泛的社会网络优势获得隐性照顾和稍高的经济收入。

在提拔和晋升员工方面，交易成本主要包括寻觅候选人的成本、搜索信息评估候选人的成本以及提拔晋升之初的不适应成本和监督成本等。与来自非家族的候选人相比，家族对家族成员或泛家族成员的情况了解全面，双方信息一致性极强，减少了评估成本，而且由于双方信息基本对等，增强了彼此的信任，减少了机会主义的可能，即候选人提拔晋升之后做出损害公司利益的事情，进而也降低了监督成本。因此，在提拔晋升过程中，家族成员或熟人的交易费用相对少，因此他们更容易获得晋升提拔机会。由此，得出如下命题：

命题 4：在家族企业中，由于家族的有限理性、机会主义、信息不对称的影响，提拔晋升家族成员、熟人可以大幅度降低这一环节的交易成本；同时，因为信任和家族责任的作用，家族成员和熟人更容易获得晋升提拔的机会。

对员工的绩效测评，要获得员工工作表现的信息并不容易，某些员工可直接用量化指标测量，除量化指标外，运用什么方法来完成业绩，是否违反公司政策或影响公司利益等也是重要的考虑因素，谁最能客观、比较全面地提供这些信息，自然是员工的主管；而对于那些非量化指标测评的员工，如行政部门、客服部门等，虽然也可以从他们接触的客户着手，但是信息准确性方面大打折扣，如客户可能因对产品的不满情绪而做出对客服人员的差评等，所以最能提供客观准确信息的肯定是员工主管。由此，得出如下命题：

命题 5：由于家族企业选择的绩效测评模式，主管对员工的认可度、信任度高低将直接影响员工绩效水平的高低；另外，除政策、规则外，主管的引导也是一种约束员工行为的有效方式。

六、讨论

制度经济学认为，企业组织是有成本的，它是在市场交易费用大于企业内部组织成本的情况下，生产者选择行为的结果。而企业内部组织成本包括一定的物质资本和社会资本，社会资本是人们在一个组织中为了共同的目的去合作的能力，是从社会和社区中流行的信任中产生的能力，是对规矩、诚实、合作行为的一种期待。家族企业中常见的关系包括三种：一是家人关系，人际互动的原则是责任原则，信任水平最高；二是熟人关系，包括朋友、老乡、同乡等，人际互动的原则是人情原则，信任水平中等；三是生人关系，即无关系，人际互动原则是利害原则，信任水平最差。家族企业对不同员工存在着信任程度的高低，就要求家族花费更多的金钱去弥补这种社会资本的匮乏。从以上案例分析的结论来看，家族企业明显不信任外人，所以在工作资源获取、接受重要工作任务等方面家族内部的人具有明显优势；而在回报性方面，同等条件下，有关系的人更容易获得高于普通人的经济报酬和晋升机会。除支付略高于普通人的经济报酬是出于家族责任感、情谊的考虑，其他均可以用交易费用理论来解释，是由于有限理性、信息不对称、资产的专用性和机会主义等因素造成的高昂交易费用使得家族企业不得不牢牢把握企业内部有限的资源。

家族的有限理性源自两个方面：一是家族对现有环境和人的认知能力与对未来的预测能力是有限的，人不可能完美地认知现在和预测未来；二是家族面对的环境是复杂多变的，环境的复杂程度和变化速度往往超乎人们的想象。因此，家族在处理事务上追求满意，追求更好，而无法做到最好。

家族企业中的信息不对称主要指家族和其他人员对有关信息的了解有差别；谁掌握的信息比较充分、有效，就往往处于比较有利的地位，反之则处于比较不利的地位。家族成员之间的天然信任感和熟人之间的基于人情交往的信任感，源于大家相互之间彼此了解掌握的信息是几乎对称的，而生人之间信息的掌握方面则存在相当程度的不对称，通常家族处于信息劣势。信息优势方可以通过隐瞒信息和虚报信息等方式损害信息劣势方的利益，追求个人利益。

资产专用性指用于特定用途后被锁定很难再移作他用性质的资产，若改作他用则价值降低甚至毫无价值，资产专用性其实是一种“套住”效应。这种套住是相互的，一方面，家族在培养员工技术、知识、能力方面付出的成本是一种沉没成本，员工离职即给家族带来损失；即使员工不离职，员工掌握的关键信息和技术提高了其和家族谈价议价的能力，家族雇佣员工的成本上升。另一方面，员工掌握的专业性的技术、知识和能力，提升员工再次择业的转换成本，所以说这种套住是相互的。

家族企业中的机会主义是一种狡诈的追求利益的利己主义。主要涉及家族外的成员为了自己私人的目标而不择手段，不按规章办事，从而损害了家族的利益。

由于以上有限理性、信息不对称、资产专用性和机会主义造成了交易成本，通常，家族认为家族成员间的交易成本几乎为零，家族和熟人之间的交易成本稍高，而家族和生人之间的交易成本最高。

（一）工作任务和资源分配协调

由于有限理性、信息不对称、投机主义等因素导致信息搜寻成本、订立契约成本、监督成本的提高，增加了交易费用。因此，在工作任务和资源分配协调方面，家族成员或熟人更容易获得工作资源和接受重要工作任务的机会。之所以会存在着这样的特点，可以利用交易费用理论进行解释分析。

家族和外人之间的信息不对称性主要表现在两方面。首先，逆向选择风险。家族在挑选外人接受某项重要任务或工作机会时，并不完全了解这些外部候选人，只有他们自己清楚自己的实际能力，他们只会表现出工作任务所需要的能力，当重要工作任务所需要的能力和实际能力发生不一致时就产生了信息的不对称。其次，外人隐藏信息的危险。为了争取到那些重要的工作任务和资源，或者是在重要工作中更加获得认可和信赖，外人提供给家族的总是一些对他们有利的信息，屏蔽不利的信息，当提供的信息和实际的信息不一致时就产生了信息不对称。

由于信息不对称和各人能力、时间精力的有限性，理性只能是有限的，因此，家族的有限理性不可避免。由于有限理性，家族在选择重要工作任务候选人或分配工作资源时，不可能考虑到所有问题、所有信息，做出最优选择，因为要付出各种成本，如监督成本、约束成本等。

家族对外人不信任，认为他们热衷于追求其他额外收益，侵占家族资产等，投机主义风险增加。外人和家族企业之间仅仅是员工和雇主的临时关系，不存在血缘亲缘的约束和依赖，他们付出全部努力，却得不到“公平的回报”，但是如果他追求个人利益，他可以得到诸多好处，而承担的成本却很小。家族认为在博弈中，作为理性的经纪人，外人自然会倾向于选择成本小于收益的行为方式，即追求个人利益最大化，因此，他们极有可能为了追求自身利益最大化，损害家族企业或家族利益。

在面临员工申请工作资源时，对于家族企业来说，工作资源作为一种企业资本，如资金、物料等，可能本身就是家族资产，资产的浪费、不合理使用等必然导致剩余利润的损失。同样地，一项重要的工作任务/项目，可能是某个新市场的开发，或者争取某些重要客户，对家族企业而言，意味着可观的经济收益和巨大的利润，甚至可能是扭亏为盈、扩张发展的关键时刻，因此家族企业在这两方面肯定谨小慎微。这其中牵涉的成本有：一是信息搜寻费用。充分的工作资源是完成工作任务的必要条件，而重要的工作任务对员工来说，充分体现自身能力、获得认可是绝佳的机会甚至直接关系到将来的加薪晋升等，因此，工作资源和接受重要工作任务的机会必然会吸引大量员工的竞争和关注。个人、部门为了争取到工作资源或重要工作任务的机会，必然会提交大量的信息报告，对这些信息去伪存真，如何寻觅合适的候选人和保证工作资源得到合理配置等必然涉及大量的信息搜索费用。二是签订契约活动费用。由于重要工作任务的珍稀性、价值性，家族事先考虑到候选人可能会为了追求个人利益最大化而损害家族利益，为了确保他们不会采取这些潜在行为，如偷懒、因公徇私、收受贿赂等，家族有必要与外人候选人签订契约，对他们的工作行为做好规范和约束限制。一旦候选人违反契约损害公司利益，家族企业可以拿起法律武器，起诉候选人，尽可能追回损失利益，这会有效抑制外人的投机主义倾向，保护家族利益。三是监督费用。即使签订了契约，由于家族的有限理性，无法面面俱到，无法预测将来的变化，考虑到契约中的所有问题，为了保证资源得到合理有效使用，为了重要工作任务的高效完成必须做好监督。例如，在候选人团队选择上，可以考虑家族成员、熟人和外人的构成比例，不同类型的员工本身就可以起到相互监督的作用；或者，在使用工作资源方面提交充分可靠的资源使用报告和凭证等。

（二）决策协调机制

由于企业家能力和特质、决策性质和交易费用的影响，家族企业在制定高层决策时往往采用个人（经验）决策方式。

企业家能力的核心是判断性决策能力，即在不确定条件下，根据所拥有的有限信息做出决策的能力。家族企业创立之初，由于人员较少，组织结构简单，大小事务都由家族企业的领导人来组织管理，这种决策性会随着企业的发展而继续保持。由于我国市场、法制环境不完善，严格的金融限制使得家族企业融资困难，在夹缝中求生存，企业不断成长发展，关键的一点就是领导者有敏锐的市场触觉和正确的判断性决策能力；领导者从创业之初一路走来，积累了大量的个人经验，很多时候正确的决策就是靠感觉和经验做出的，这些也形成了他们强硬的性格和极强的自信心，因此，在制定决策时他们倾向于独断专行，凭经验和感觉来办事。

西蒙认为，决策分为程序化决策和非程序化决策。非程序决策指的是那些不经常出现的、信息不完全、包含着很多复杂性和不确定性的、难以量化的非结构化问题。随着管理者地位的提高，决策也越来越显示出非程序化的特征。作为家族企业中的掌舵人面临的决策，即高层决策绝大部分是非程序化决策，他们自身的判断、经验、直觉等发挥着重要作用。

在制定高层决策时，如果采取民主讨论的决策形式，可以利用交易费用理论来分析决策费用。

首先，信息搜寻费用。家族企业领导者在制定高层决策时，由于非程序决策信息的不完全，他将通过个人的能力或其他办法来掌握可能的信息；另外，家族企业中的中高层管理者一般比较稳定，主要是家族成员、亲戚、朋友等，由于长期合作共事，领导者对他们的知识结构、能力、思维习惯各方面已经有了充分了解，即只要付出很小的成本就掌握充分的信息。在民主讨论的决策形式中，由于要求参与者集思广益，这可能要各个决策者学习、了解非程序化的问题，结合自己的思考给出见解，但实际上，领导者极有可能已经预测到个别参与者的见解。因此，在制定非程序化决策时，民主讨论的信息搜寻费用明显大于个人（经验）决策方式的信息搜寻费用。

其次，谈判费用。在制定高层决策时，当采取民主讨论的决策形式时，由于涉及众多参与者，他们会从考虑问题的不同角度、采用不同的逻辑思考方式给出众多意见，领导者如何获取积极意见、如何选择那些人的意见、如何说服各参与者统一意见，必然牵扯大量的谈判协商。另外，每个参与者可能代表着不同部门、不同人的利益，那么在制定非程序化决策时，意味着牺牲部分人的利益，必然会导致反对意见和决策执行难度增加，而不得不考虑如何平衡各方利益，如何减少决策执行阻力等等，这必然会造成谈判难度增大，谈判费用随之增加。

（三）激励和约束协调机制

员工作为企业生产活动的主体，往往根据自身需求是否得到满足来决定其工作态度、工作投入，这就使得企业经营管理者不得不重视对员工的激励。激励是激发人的热情与潜力，鼓励人们达到企业所期望的目标；而约束是规范人们的行为，减少偏差和保持行动一致，有效保障组织目标的实现。

1. 物质收入/奖励和晋升

物质收入和晋升是激励员工非常重要的手段，与员工的个人利益密切相关，因而会吸引众多员工的关注。对于家族来说，对员工的物质奖励意味着他们将部分剩余收益让渡给员工，提拔晋升意味着对某种资产专用性的掌握，使得员工在交易双方之间地位提高，由于他们在经济资源或非经济资源的费用支出，自然地希望得到丰厚的回报。这一过程受到有限理性、投机主义、信息不对称的影响。

投机主义是根据理性与经济人的假设，那些与家族毫无联系的陌生人一定是追求个人利益最大化的人。例如，不用碍于面子或担心声誉受损，尽可能地获取可观的经济利益，尽可能地争取获取更大利益的工作机会等，或者是当他们感觉自己的工作付出没有得到应有的回报时，则会选择降低自己的劳动/智力资源的支出，员工一定是贪婪、自私自利的，甚至牺牲家族利益获取额外经济利益或其他回报。

作为陌生人的员工和家族之间的信息不对称性是怎样产生的呢？一方面，家族对他们的掌握永远只能通过部分的、表面的信息，如工作报告、以往的教育、工作经历，当掌握的有限信息不等于全部信息时就造成了信息的不对称；另一方面，当有限信息不等于实际信息时也会产生信息的不对称，如工作报告可以匿藏对自己不利的信息、教育和工作经历也可以编撰造假。由于信息的不对称性，家族掌握的是一些局部的、可能不真实的信息，因此在信息交易中处于不利地位；而陌生人对家族的了解则可以通过媒体、同事、观察等各种途径，能够掌握较多的信息，使自己处于有利地位。

由于固有的外人投机主义倾向严重和信息不对称，加上时间精力、各人知识能力的有限性，家族无法准确预测将来的变化趋势，所以家族一定是有限理性的。基于这种有限理性，首先，他们在对员工进行物质奖励或晋升提拔时，会考虑经济或非经济投入会不会赢得同等的或更多的回报。作为家族成员或熟人，在收到物质奖励和提拔晋升时，由于家族责任或人情面子的影响，他们会增加自己的劳动投入或为企业创造更多的收益，会感激、忠诚于家族。反之，如果是陌生人，他们会自然地认为这是自己应得的，未来不一定会更加努力工作。再者，由于有限理性，他们在晋升提拔员工时订立契约的过程中不可能考虑到所有问题，不可能将所有规避风险的限制措施都写进契约中，因此要增加监督费用。

当家人、熟人专业知识欠缺、能力欠缺时，家族就不得不依靠外人，给予他们更多的经济收入或事业工作发挥空间、机会等。由于投机主义、信息不对称和有限理性的影响，使得交易费用增加，其中涉及的交易费用包括：①信息搜索费用：为了挖掘到外人更多、更有效的信息，家族需要投入更多的资金、人力和技术等资源。首先是获取尽可能多的、更全面的信息，然后是对这些信息进行去伪存真，如通过以前的老板、同事等第三方了解他们以前的工作态度、工作成果等信息，通过他们的学校、朋友、亲戚了解他们的个性特征、人品和专业知识、学业成绩等，通过专业的心理技术、人才招募技术等测验科学地考查、验证他们的工作能力等。②订立契约费用：家族和外人根据信息的掌握量，为争取更大的经济利益必然会讨价还价，由于缺乏信任，谈判可能要花费更多的时间，投入更多的经济和人力资源；鉴于我国市场环境的不完善，家族企业根据以往经验可能还需要咨询第三方，尽可能地将规避风险和降低不确定性的条约写进契约中，一旦发生危险还可以利用法律武器来维护家族利益。③监督费用：为了防止外人的投机主义倾向和维护、实现自己的经济利益，家族需要采取各种措施来监督他们的工作过程和工作效果。

2. 绩效测评和结果

绩效测评历来是个难题，各种绩效测评技术也伴随争议，由于家族企业规模、私有性等特征，出于有限理性、资产专用性、信息不对称的影响，不愿在这方面投入太多，而直接选择最经济的绩效测评模式，即依靠主管来对员工进行测评。

处于主管的位置，可以最直接地观察员工的工作表现、工作态度和性格特点，意味着掌握了某种资产专用性；而在层级结构的组织中，家族显然不可能对每个员工都管理监督，对员工的了解非常有限。由于有限理性、信息不对称和资产专用性的影响，造成了在绩效测评的谈判和影响中，主管的筹码更大，更有话语权。依靠主管对员工进行工作测评的过程中牵涉的交易成本包括：①信息搜索成本：由于工作性质的关系。员工和主管经常工作接触和合作，可以非常直接地观察他们的工作态度、团队合作、工作努力表现等，私下可能因为部门聚餐、娱乐活动、团队比赛等非正式沟通和了解，可以了解员工的性格特点、为人处世。因此，不用依赖其他机构或人员，主管最容易以较低的搜索成本获取大量、更有效的员工信息。②监督成本：本书中，监督的主要目的是防范下属员工投机主义行为，如偷懒、降低工作努力程度，非正式小群体中与组织目标相违背的行为、活动等，由于主管经常要和下属工作、社会交往在一起，可以及时地发现问题和矛盾，并及时地对员工进行教育、批评和协调等。这种协调方式不但成本低廉，而且较为高效。

综上分析，由于家族企业性质、规模，有限理性、资产专用性、机会主义和信息不对称等影响，家族企业倾向于选择交易成本最低廉的绩效测评方式，即依靠主管对下属进行测评，因此，在家族企业中，主管对员工的认可度、信任度高低将直接影响员工绩效测评的高低。

与家族缺乏关联的陌生人型的员工相比，家族成员、熟人凭借和家族的血缘、亲缘或朋缘的关系而获得较强的信任和广泛的社会网络，有着优质的社会资本，比较容易接触内幕信息或其他重要信息。如果主管是家族成员或熟人，碍于人情面子，在绩效测评环节会存在隐性照顾。反之，如果主管是那些与家族毫无关系的陌生人，获得家族的信任、支持对于自己的职业发展非常重要。从家族这个大圈子的外围做起，融入家族成员的人际交往中是非常直接和经济的手段。

（四）其他发现和解释

由于存在有限理性、信息不对称、资产专用性和投机主义等因素，家族如果聘用外部候选人担任管理者时，就存在代理成本。有外人参与管理下的企业价值将小于它完全属于家族的价值，两者之差就是代理成本。这里的代理成本主要包括家族对管理者的约束成本和监督成本，指家族和外部候选人之间订立、管理、实施那些或明或暗的合同的全部费用。

家族和外部管理者之间的信息不对称主要表现在三方面：首先，逆向选择风险。家族选择外部管理者时，不完全了解外部候选人，只有他们清楚自己的实际能力，而且他们在应聘时倾向于表现出家族所需要的能力。当职业经理人表现的能力不等于实际能力时，即产生了信息不对称。其次，外部管理者隐藏行为的风险。由于家族不能时刻监控外部管理者的工作行动，所观察到的只是局部的、表面的工作行为，外部管理者会主观性地隐藏不愿意被发现的工作行为。当实际的行为和表现出来的行为不一致时，即产生了信息不对称。最后，外部管理者隐藏信息的风险。假设聘请外部候选人担任中高级管理者时，家族获得的信息是对称的，但是签约之后，家族只能观测到他们的报告情况，而不是具体信息。当报告信息不等于具体信息时，即产生信息不对称。在信息不对称的情况下，此类道德风险和逆向选择随时有可能发生。其中，逆向选择属于事前信息不对称，隐藏信息和行为的道德风险属于事后信息不对称。明显地，家族和外部管理者双方在掌握和获取信息方面，外部管理者处于优势地位，而家族处于劣势。

由于信息不对称和个人能力的限制，理性也是有限的。有限理性是无法回避的现实。当家族聘请外部候选人时，由于有限理性，不能面面俱到地把所有可能出现的问题都规定在合同中，因此要为此付出各种成本，如约束成本、监督成本等。

关于公司投资、战略布局、专业技术等关键信息将变成一种资产专用性，接触到这些信息的只有中高级管理者，形成对企业的控制管理。实际掌握着这种资产专用性的中高级管理者，和家族的讨价还价能力很强。越是关键的职位，资产的专用性越高，这种高资产专用性的沉没成本和转换成本很高，如果是外人掌握着这些高专用性资产，容易对家族造成威胁，一旦两者关系破裂，有可能给家族带来致命性打击。因此家族不愿意冒险，而偏向选用家人、熟人担任中高级管理职位。

担任中高级管理者的陌生人，他们付出全部努力，承担所有成本和风险，只能得到有限收益；反之，如果他追求个人利益最大化，得到的是巨大的经济收益，而发现的可能性和惩罚力度很小，即所支出的成本小。根据经济学理性人的假设，家族对外人存在着极大的不信任和怀疑，认为在巨大的个人利益诱惑下，他们热衷于各种投机行为，追求短期的、额外的经济收入，损害家族利益。

由于以上有限理性、信息不对称、资产专用性和机会主义等造成的代理成本，家族首先考虑在自己能力所及的范围内不聘请外部候选人。直接安排家族成员担任管理职位成本相对较低，家族不需要像监督从市场上聘请来的经理人一样监督家族成员，也不需要设计激励条款来激励家族成员；家族成员对家族高度的认同感和一体感，使其对家族产生了一种神圣的责任，不过于计较个人回报，不计较自己付出的劳动和获得的报酬是否处于合理的比例关系，家族成员可以减少个人的休息时间，贡献自己的财力物力，在企业经营发生波动时与企业共渡难关。因此家族成员充当经理要比非家族成员充当经理要求的补偿少。

当家族企业扩张到一定程度，管理趋于复杂化，家族内的可用之人都已投身家族事业，此时仍不能满足企业对管理人才的需求时，家族不得不考虑聘请职业经理人。鉴于有限理性、信息不对称、资产专用性和机会主义造成的代理成本包括签约成本、监督成本和剩余损失。

签订契约活动的费用：①家族事先考虑到陌生人，为了追求额外的个人利益而可能采取的一些损害家族利益的行为，为了确保他们不采取这些潜在行为，如偷懒、以公司名义谋取私利等，家族和外部管理者签订契约来对这些行为做出明确限制。一旦经理人出现契约中禁止的行为，家族有权向他们索取赔偿。这一点有效地抑制了经理人的投机行为，保证了家族合法权益。②监督成本。主要指内部监督。经理人的有些对家族不利的行为家族是可以在签订契约时考虑到的，但是由于家族的有限理性和信息不对称，通常家族和经理人之间签订的是不完全契约，所以还有一些潜在的、未知的、危害性的行为是在契约之外的，需要家族防范的。此时就需要家族有效地监督这些行为，扼杀萌芽状态的危害性行为，将家族利益损失降到最低。③剩余损失。经理人的决策考虑的是自身利益和家族利益，当经理人利益与家族利益不一致时，经理人的决策不一定是家族利益的最大化，有时经理人甚至会选择损害家族利益来扩大自己的利益；当代理人利益和家族利益一致时，才是家族利益的最大化。因此，经理人的决策和家族利益最大化的决策之间的偏差即为剩余损失。

七、本章小结

我们把本章的现象、逻辑推导过程、命题和研究结论汇总如表 5. 21 和图 5. 1 所示。

表 5. 21 研究命题和发现汇总

<table>
<tr><th>人际关系</th><th colspan="2">组织协调</th></tr>
<tr><td rowspan="3">发现：由于有限理性、信息不对称、资产专用性和投机主义等因素，家族聘用外部管理者会产生高昂的代理成本，因此，家族企业的中高层管理人员中，人际关系类型单一，即家族成员、亲戚、朋友等会占有相当比例</td><td>任务/资源分配协调机制</td><td>命题 1：资源和重要工作任务机会的稀缺性和价值性使得家族对交易成本十分敏感和重视；由于受到有限理性、信息不对称、投机主义等因素的影响，交易费用大大增加。因此，家族成员或熟人更容易获得工作资源和接受重要工作任务的机会</td></tr>
<tr><td>决策机制</td><td>命题 2：高层决策会产生大量的信息搜索费用和谈判费用，造成高昂的交易成本；而由于决策者能力和个性特征的作用，这些高昂的交易成本无法有效地实现其价值。因此，中国家族企业在制定高层决策时通常采用个人（经验）决策方式</td></tr>
<tr><td>激励/约束机制</td><td>命题 3：受到有限理性、资产专用性、信息不对称的影响，家族往往选择最经济的绩效测评模式，即依靠主管来对员工进行测评。在这一环节，家族成员、熟人凭借拥有优良的社会资本和广泛的社会网络优势获得隐性照顾和稍高的经济收入
命题 4：在家族企业中，由于家族的有限理性、机会主义、信息不对称的影响，提拔晋升家族成员、熟人可以大幅度降低这一环节的交易成本；同时，因为信任和家族责任的作用，家族成员和熟人更容易获得晋升提拔的机会
命题 5：由于家族企业选择的绩效测评模式，主管对员工的认可度、信任度高低将直接影响员工绩效水平的高低；另外，除政策、规则之外，主管的引导也是一种约束员工行为的有效方式</td></tr>
</table>

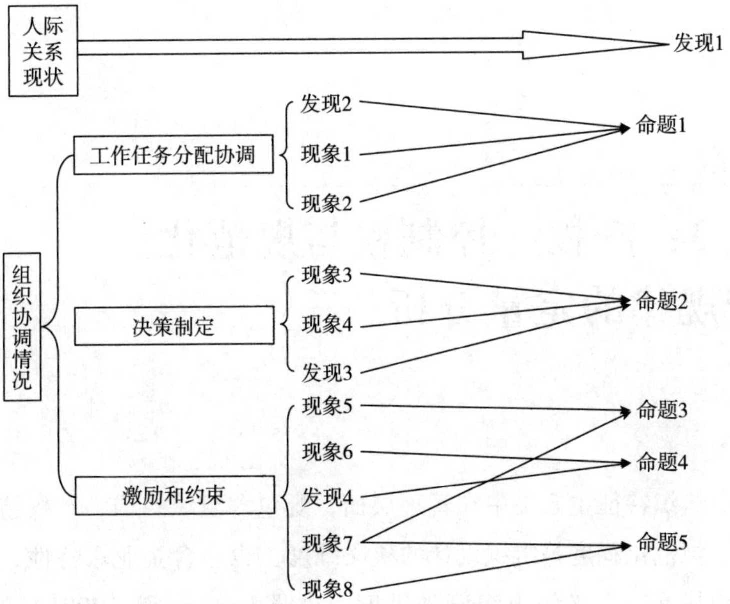
人际关系现状
发现1
工作任务分配协调
发现2
现象1
现象2
命题1
组织协调情况
决策制定
现象3
现象4
发现3
命题2
激励和约束
现象5
现象6
发现4
现象7
现象8
命题3
命题4
命题5

图 5.1　推导关系示意

第六章

研究3：产权、控制权与规范化演变规律的定量分析

企业组织特征主要集中在管理层面，既包含组织结构、产权结构、权力分配、规范化程度等组织设计的狭义维度，也包含企业家特性、组织文化、组织战略等广义的组织管理维度。按照 Jawahar 等（2001）的研究，企业生命周期可明确分为启动、成长、成熟和衰退四个阶段。Miller 和 Friesen（1982）认为处于衰退期的企业是不成功的企业，这意味着处于成长和成熟期的企业是相对成功的或者说是处于发展中的企业，企业一直保持成长或成熟状态而远离衰退就意味着基业长青。Adizes（1997）认为随着年龄、规模的增长，如果不加干涉，企业会自然而然地从创业、成长、稳定等发展阶段迈入官僚化和消亡的衰退阶段。在市场行情既定的情况下，要想使企业远离或摆脱衰退，需要找到一些有效的组织干预手段。而其前提是探明企业在生命周期的不同阶段是否存在组织特征的显著差异，即搞清楚成长期或成熟期企业的组织特征是否明显区别于衰退期，才能有的放矢地设计和实施组织干预使企业远离衰退。

从现有研究看，企业在启动、成长、成熟和衰退四阶段的主要差别反映在外显的财务指标上，如销售额、盈利额、固定资产、人员规模指标的变动情况，这一点已经没有争议，而且逐渐成为划分企业生命周期的重要参考标准。但是这些财务指标是一些结果性变量，除说明生命周期特征有差别及作为有效区分标准外，并不能为企业管理实务提供有针对性的指

导。而企业家特性、战略特征、组织结构特征（如治理结构、组织结构、管理规范程度、组织效率、企业价值观等）等非财务指标是过程变量，是导致销售额、固定资产变化等结果变量的手段，如果企业生命周期四阶段存在组织特征上的显著差别，就可以避免或改进衰退阶段的组织特征，使其向成长期或成熟期看齐，从而远离衰退，保持基业长青。但企业生命周期中是否在上述组织特征上存在显著差别？

虽然有些狭义组织特征如组织结构、规范化程度等随生命周期而变化的现象已经有学者研究（Greiner，1972），但这些研究以案例分析和理论推导为主。通过大样本对广义组织特征差异性作实证研究的文献相对缺乏。本书期望在考虑规模、行业、多元化经营、竞争战略、市场范围、存在年限、地区分布等控制变量的基础上，通过大样本统计来验证企业生命周期的四个不同阶段，企业家特性、战略特征、组织设计（结构）、组织文化等重要的组织特征是否存在显著差别，进而严谨客观地分离出相对于衰退阶段而言的发展型企业的组织特征。探索这个问题既有助于企业生命周期理论研究的深化和完善，又能为管理实务提供有针对性的指导和建议。

一、理论背景

（一）以财务指标衡量的发展型企业组织特征研究

企业的直接目的是盈利与发展，要达到这个目的，需要经过一定的内部管理过程，于是按照过程—结果的标准，企业特征可以高度概括分类为市场特征与组织特征（Miller & Friesen，1982）。市场特征关注企业对外显示的经营和管理行为及其结果，包括盈利水平、企业规模（人员与固定资产规模）、扩张策略、竞争战略、市场份额等指标，这些市场特征可以通过企业的市场表现直接观察到；组织特征关注实现企业市场目标的内部管理过程及相关因素等诸多指标，一般无法通过市场信号直接观察。本书对组织特征的考察主要涉及企业家特性、战略基础、组织结构三个方面。

由于组织行为是企业获得市场绩效的基础，学者们希望通过市场特征的比较区分出成功与不成功的企业，然后考察发展型企业是否具有与衰退型企业截然不同的组织特征（Goodijk，2003；Dyer et al.，2005；Feinberg，2006），如果发展型企业在组织特征上具有共性，就可以指导衰退型企业向发展型企业学习，改进自身组织特征。Carmen 等（2006）的实证研究显示，发展型企业的创新行为明显较多，表现出较高程度的企业家特性。Baik 等（2006）的研究证明发展型企业往往有大量的没有短期直接收益的战略投入活动，如人力资本投资、R&D 投入、社会资本投入等。另外发展型企业在组织管理过程中也有显著特点，如完善的激励制度（Huffman，1995；Ying，2005）、高效的执行能力、快速反应与决策等（Kouroche，2005）。

这些研究在给我们提供有益参考时也不无遗憾。首先仅按照市场特征区分发展型企业特征是不完善的，它没有考虑企业的成长阶段即生命周期的影响。毋庸置疑，不同成长阶段对企业成功的评价标准并不同，按照市场特征，处于启动阶段的企业可能没有盈利和快速资产扩张，也没有明确的竞争战略和显著的市场份额，可能被划分到衰退型企业的行列。其实被划分到这一阶段中的一些企业因为高度的企业家创新特性而积累了日后高速成长的基础，也应属于发展型企业。对这个问题的忽视使发展型企业组织特征的研究结论不完善。其次从指导意义看，尽管学者们已经分离出发展型企业具有较多的战略投入活动或完善的规章制度等组织特征，但处于不同生命周期阶段的企业是否都应该去模仿？艾迪斯（1997）认为创业（启动）阶段太多的规章制度可能会限制创新能力，使企业早衰。而企业在启动和成长阶段也不一定有足够的资本和精力花费在战略投入上。所以不考虑生命周期而得出发展型企业组织特征的结论，其参考价值争议较大。最后，上述分离发展型企业组织特征的研究对另外一些重要组织特征如战略远见、企业家冒险与寻租行为、治理结构、权力集中程度、持续成长能力等研究较少。于是一些学者从企业发展过程的纵向视角考察发展型企业的组织特征，希望在一定程度上弥补上述缺陷。

（二）生命周期视角下发展型企业的组织特征研究

对企业生命周期的划分有多种做法，较典型的有小型化、一体化与多样化三阶段说（Tuason，1973）；创业、高速成长和成熟三阶段说（Smith，1985）；从孕育期、婴儿期、学步期、青春期直到死亡期的十阶段说（Aidis，1997）；以及启动、成长、成熟、衰退四阶段说（Anderson，1984；Jawahar et al.，2001）。其中，四阶段论是目前从事实证研究的学者接受较多的观点，因为这种划分方法更容易显示出企业的不同阶段在销售额、固定资产、人员等方面具有差别的典型特征，可以提供一些可操作化的生命周期划分标准，有助于实证研究的开展（Jawahar，2001）。

从企业发展过程的纵向视角考察发展型企业的组织特征可在一定程度上弥补上述缺陷。由于划分生命周期各阶段的主要标准就是企业的销售或利润增长率（Miller & Friesen，1983），如果以市场表现作为判别企业成功的依据，研究组织生命周期的学者们认识基本一致，即企业在成长和成熟阶段都可以称得上成功，若进入衰退阶段则意味着失败（Jawahar，2001）；另外生命周期各阶段并非必不可少的依次进入，企业可以从启动期或成长期直接进入衰退期而不必经历成长期或成熟期（Kalleberg & Mastekaasa，1998）。进入衰退期也并不意味着企业必将消亡，它可能从衰退期再次进入启动期或成长期，即二次创业或二次成长。企业所要做的就是保持活力避免进入衰退期。

因而从组织生命周期的纵向视角提取发展型企业的组织特征就具有了一定的理论基础。有研究证实在小企业中随着企业成长和规模的扩大，企业所有权有从集中到分散的趋势，管理决策权在启动阶段集中在家族所有者手中，从成长阶段往后会逐渐分散到职业经理人手中，到了衰退期则会重新集中在家族大股东手中（Doger et al.，1994）。Hanks等（1993）认为在高科技企业中，管理规范化程度在启动期和衰退期较弱，在成熟期较强；而企业集权度和组织效率随生命周期演进呈下降趋势，同时家族控制力在逐渐减少。

就文献检索看，对生命周期各阶段组织特征的研究也存在不少争议。学术界虽然提供了几种用于实证的企业生命周期划分标准，但每一种都有一些令人难以信服的缺陷。Jawahar（2001）使用了一定时间内企业销售额的变化情况作划分标志，但是众所周知，销售额会受到市场景气状况、宏观经济周期、地区经济发展情况、企业投资战略变化、企业规模等多种因素的影响，把样本企业划分到生命周期的哪个阶段误差都较大；Doger等（1994）使用企业自然年龄作划分标准，这种做法即使研究者本人也认为有些牵强；Debra（2003）把销售额变化和自然年龄结合起来，这种方法比起前两种有所改善，但是仍不能消除市场景气状况、经济周期、地区经济等外部因素的干扰。艾迪斯（1997）以职责和职权清晰度相对变化情况作为划分标准，但没有学者去量化它们，使之具有可操作性。划分标准不够严谨制约着组织生命周期实证研究的发展。因而有必要设计一种新的划分方法以改进和完善原有的研究。

二、研究假设

组织结构特征细分为企业产权集中度、组织正规化、集权程度、执行能力、组织价值观同一性5个层面。Debra（2003）论证过企业组织结构与生命周期的关系，认为大多数企业在初创即启动阶段，产权几乎都掌握在一个家族或少数几个合伙人手中，此时的管理具有较大的随意性，内部决策制度、角色分工、管理流程、标准化运营程序、人员晋升制度、监控制度等没有建立或不完备，因而组织正规化程度较差。高度集中的产权决定管理决策权主要集中在一个或少数几个大股东及管理者手里，其他层级的管理者主要扮演执行者角色，此时组织规模相对较小，虽然分工不清可能造成推诿，但这些都在高层管理者的可控范围内，因而执行能力也较高，这主要是依靠所有者的个人权威实现的。小规模、强有力的个人权威、高执行能力等保证了组织价值观的同一性。

进入成长期，随着企业规模的扩大，企业内部环境和管理复杂程度增加，仅靠创业者的知识和能力难以应对企业日常运营，原先少数家族或合伙人作为创业者对企业产权与决策权的高度控制已经变得不合时宜。许多企业在这一阶段都经历了产权分散化和管理决策权下放的过程，职业经理人和层级较低的管理者开始介入公司决策，有时为了激励职业经理人和基层员工，少数资产所有者会把一部分股权转让给他们。为了应对日益复杂的管理任务，企业不得不着手建立完善的规章制度来加强管理正规化。产权、管理权的分散会弱化基于个人权威的执行效率，但是比较规范的管理制度和日渐标准化的业务流程使企业内部分工清晰、减少了推诿扯皮的可能性，这又会强化基于制度管理的执行能力。总体上看，执行能力与创业期相比应该变化不明显。这一时期企业处于高速发展期，在销售额和利润高速增长的刺激下，企业价值观容易渗透到管理的方方面面，组织价值观凝聚力及其同一性在生命周期中最明显。

成熟期的产权和管理决策权的分散化趋势会持续下去，管理正规化会随着企业规模的持续扩大而加强。此时产权所有者和少数高层管理者个人权威在高度规范化的制度管理中损失较多，基于个人权威的执行效率随之下降更多。高度规范化管理可能会助长形式主义与官僚习气，庞大复杂的组织结构会加剧部门本位主义，“大企业病”开始出现，推诿、内讧现象较明显，造成执行能力低下，此时部门和群体亚价值观会危及企业价值观，组织价值观的同一性开始下降。

衰退期的组织结构特征有了较明显的变化。由于销售额和利润的持续下降，迫于日渐突出的生存压力，许多企业在这一阶段期望通过管理变革扭转颓势。组织重构是衰退期常见的变革措施，大股东或外部收购者通过股权回购重新把企业产权集中在少数人手里，成长期和成熟期延续的产权分散趋势被制止。按照产权集中的情况和对成熟期“大企业病”的纠正，内部管理决策权由分权走向集权，企业经历了少数产权所有者或高层管理者向中低层管理回收权力的过程。但是成熟期组织价值观分裂的惯性会持续到这一阶段，使衰退期的组织价值观同一性下降明显，而多年业绩不佳会加剧组织内部凝聚力下滑以及统一价值观的分裂，从这个角度看，衰退期的组织价值观同一性应该比前阶段都低。

较低凝聚力和糟糕的业绩对企业制度的贯彻执行形成巨大冲击，即便通过组织重构使产权和管理决策权重新集中，但管理者个人权威在衰退期不如创业期明显，基于个人权威的执行能力没有保障，由成熟期出现的执行效率降低的趋势到衰退期得以持续和加强。由制度完备性衡量的组织规范化程度和成熟期比较没有大变化，但是衰退阶段特殊的生存压力、重新集中的产权会让管理者做出一些绕过组织制度的事情，造成名义正规化强而实际正规化弱的局面。

综合以上分析，对组织结构的差异性做出假设（见表6.1）：

表6.1　假设汇总

	启动期	成长期	成熟期	衰退期
产权集中度（H1）	1	2	4	1
分权程度（H2）	4	2	1	4
组织正规化（H3）	4	3	1	4
执行能力（H4）	1	1	2	4
价值观差异性（H5）	2	1	2	4

注：数字1～4表示强弱程度，1表示最强，4表示最弱。

H1：企业在启动期和衰退期产权最集中，在成长期较分散，在成熟期最分散。

H2：企业在启动期和衰退期的分权程度最低，在成熟期最高，在成长期介于中间。

H3：企业在启动期组织正规化最弱，在成长期和成熟期依次加强，到衰退期又会低于成熟期。

H4：企业在启动期和成长期的执行能力最高，在成熟期较低，在衰退期最低。

H5：企业在成长期的组织价值观差异性最小，在启动期和成熟期较高，在衰退期最大。

三、研究方法

（一）数据收集

本书拟采取发放里克特五级量表的做法收集数据。问卷对象首先排除国有企业和外资企业，因为它们的经营管理相对缺乏独立性，其生命周期划分标志（主要是销售额和利润）可能因国有资产管理部门和国外母公司的干预而表现不明显或不连贯，无法确定当前处于哪一阶段。而私营企业因经营管理的相对独立性，这方面的顾虑较少。其次，由于近期被购并企业的原有经营管理行为与业绩表现可能会中断，出现生命周期的突变，对通过问卷来划分生命周期带来困难，因而也被排除在研究对象之外。另外，本书设定的组织特征在制造业中表现更为典型，应以制造类企业作为主要调查对象。所以本书取样范围确定为近5年内没有被购并经历的私营企业，以制造业为主。对样本企业的存在年限、规模、所在区域、具体行业等不作限制。

本书主要通过三种途径收集问卷：第一，在宁波的中国民营企业年会、上海日用品展销会、上海机电产品展览会、上海产品包装展览会、上海国际服装博览会等企业集会上发放了大量问卷；第二，在大学的 MBA 班中集中发放问卷；第三，通过个人关系以“滚雪球”的方式收集问卷。前两种途径尽可能当场填答当场回收，时间跨度约 1 年零 8 个月，最终收集到有效样本 422 份。样本的有关属性分布情况如表 6.2 所示。

表 6.2　被调查企业的基本情况

		频数	比例（%）	累计比例（%）
所在地	北京	17	4.0	4.0
	上海	92	21.8	24.9
	浙江	188	44.5	69.5
	江苏	59	14.0	83.6
	广东	24	5.7	89.4
	其他	42	10.0	100.0
	合计	422	100.0	
资产总额（元）	50 万以下	6	1.4	1.4
	50 万～500 万	123	29.1	30.5
	500 万～5000 万	169	40.0	70.5
	5000 万～5 亿	84	20.0	90.6
	5 亿以上	40	9.5	100.0
	合计	422	100.0	

		频数	比例（%）	累计比例（%）
存在年限	1 年以内	58	13.7	13.7
	2～5 年	101	24.0	38.1
	6～9 年	106	25.1	63.2
	10 年以上	157	37.2	100.0
	合计	422	100.0	
行业分布	化工	46	10.9	10.9
	纺织	67	15.9	26.9
	机械	82	19.4	46.2
	商贸	41	9.8	56.1
	房地产	14	3.3	59.3
	建筑安装	27	6.4	65.7
	医药	36	8.5	74.2
	餐饮旅游	29	6.9	81.1
	家电制造	27	6.4	87.5
	其他	53	12.6	100.0
	合计	422	100.0	

（二）变量测量

1. 生命周期划分标准的确定

企业生命周期的理论划分标准是组织有效性，即随着组织生命周期的演化，有效性呈现缓慢起步、迅速上升、增降幅度不明显及迅速下降四种情况。在做可操作化测量时，学者们用于衡量组织有效性的指标可概括为两大类：一是财务指标，用销售额、固定资产等的变化趋势划分生命周期；二是非财务指标，用组织结构、竞争战略、价值观、制度规范型等的变化趋势区分生命周期。也有学者把两类指标结合起来一起使用。

本书生命周期的划分标准主要参考了艾迪斯（1997）在其经典著作《企业生命周期》的划分标准，即个人职权和责任的清晰度比较，在成长阶段（含创业期和成长期），个人职权大于责任，而到老化阶段（含成熟期和衰退期），个人职权小于责任（见图6.1）。为了更清楚地区分成长阶段的创业期和成长期，以及老化阶段的成熟期和衰退期，本书参照定量研究中较为常用的公司成立年限和销售额增长率作辅助划分标准，在问卷中询问企业的成立年限、销售增长率及其与行业平均水平的比较。通过个人职权和责任比较被划分到成长阶段的企业，若公司成立时间在1年以内，或销售增长率低于行业平均水平（增长缓慢）被划分到创业期，若销售增长率高于行业平均水平（增长较快），被划分到成长期；通过个人职权和责任比较被划分到老化阶段的企业，若销售增长率为正，则被划分到成熟期，若销售增长率为负，则被划分到衰退期。

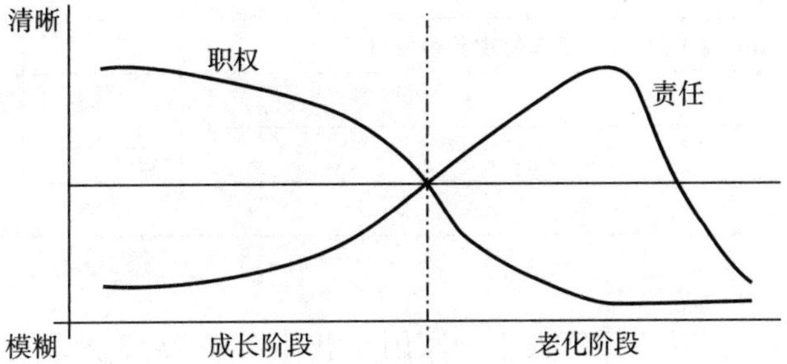

图6.1　个人职权和责任的生命周期分布

本书在艾迪斯理论基础上，参考中国管理问题国际研究学会（IACMR）官方网站上的个人职权和责任两个变量的测量方法，开发了一个量表，用于衡量企业中个人职权和责任的清晰度。获得数据后，再对这两个变量组成的分量表进行探索性因子分析，看是否可以提出两个因子，如果可以，提出的两个因子所包含的问卷题目是否正好与个人职权与责任相吻合。数据分析证明了个人职权与责任是可以明确地相互区分的（见表6.3）。

表6.3　个人职权和责任的探索性因素分析

测量维度和问卷题项	1	2
责任维度		
1. 有严格的责任追究制度	0.82	
2. 员工犯错时，可以找到相应的规章制度去处理	0.74	
3. 员工只做岗位职责规定的事，别的一概不做	0.68	
4. 员工行为处于监督之中	0.63	
5. 员工的日常行为有明确规定	0.62	
6. 员工竭力避免工作过失	0.55	
个人职权维度		
1. 上司奖惩下属时不需要提交讨论或合议		0.83
2. 上司提拔下属时不需要看到其明确的绩效表现		0.75
3. 管理者身兼多职的现象很常见		0.70
4. 重要决策由高层管理者个人做出		0.64
5. 基层员工同时在两个以上岗位工作的现象很常见		0.51
特征值	2.85	1.24
解释方差比例	37.72%	16.90%
α 信度	0.83	0.72

根据表6.3，以特征值大于1和因子载荷大于0.45为取舍标准，可以提出两个因子，删除两个小于0.45的题目后，这两个因子分别与责任维度和个人职权维度重合。问卷的α信度用来衡量结果的一致性或稳定性，是目前社会科学研究中较常使用的信度指标，本书使用α信度测量样本数据的稳定性。一般而言，$\alpha > 0.9$ 为信度非常好，$0.7 < \alpha < 0.9$ 为高信度，

0.35 < α <0.7 代表中等信度，α <0.35 代表低信度。就社会科学研究来说，只要 α >0.6，就可以认为问卷调查题目的信度能够接受。我们使用 SPSS 19.0 分析得出了这两个因子的 α 信度值。根据上述标准判断，它们代表的责任维度和个人职权维度的信度也通过了检验。

接着使用销售额变化趋势在上述分类基础上细分生命周期。与启动期比较，成长期的销售额增加幅度较大；与成长期比较，成熟期的销售额变化不明显；衰退期销售额呈长期下降趋势。如此一来，通过对个人职权与职责清晰度比较，再结合销售额变化情况就可以区分出样本企业的生命周期了。对样本企业的生命周期判定和分类如表 6.4 所示，排除无法清晰区分的 26 个样本后，原有 422 个有效样本缩减到 396 个。

表 6.4　样本企业生命周期的划分方法及划分结果

优先标准：职权与责任的清晰度比较	成立年限 1 年以内	职权清晰而责任模糊	职权和责任都清晰	职权模糊而责任清晰	职权和责任都模糊	成立 5 年以上，经营难以为继
划分结果	启动期：58[a]	启动期或成长期：81	成长后期或成熟前期：147	成熟期或衰退期：94	衰退期：34	衰退期：8
辅助标准：销售额的增长变动情况		是否经历过两年以上的销售高增长	近年销售额增幅是否明显	近年销售额是否有明显下降		
划分结果		是：成长期 61 否：启动期 16 排除：4[b]	是：成长期 85 否：成熟期 47 排除：15b	是：衰退期 13 否：成熟期 74 排除：7[b]		
最终样本分类	启动期 74　成长期 146　成熟期 121　衰退期 55　排除模糊不清的样本 26 排除分类特征模糊的样本后，可用于检验企业生命周期效应的有效样本总量是 396					

注：a 是样本数；b 是因分类特征不明显而被排除的样本数。

2. 组织特征的测量

对组织结构特征层面中产权集中度、组织正规化、集权程度、执行能力、价值观同一性的测量均使用了 IACMR 学术网站（iacmr. org. cn）的表述，因为选择的是已经广泛使用的成熟量表，α 信度和建构效度都会有保证。使用 lisrel8. 7 作问卷的验证性因素分析，所有组织特征变量的因子载荷（λ）如表 6. 5 所示。

表 6. 5　组织特征各变量的验证性因子载荷

产权集中度[a]	
1. 公司股权分配情况 备选项：完全为一个家族所有；2 ~ 5 大股东所有；5 个以上大股东所有；高层职业管理者也有股份；中层管理者和业务骨干；基层员工；股票已上市	
分权程度（α = 0. 85）[b] 下列事情可以由哪一级别做主？	
2. 解雇基层员工	0. 74
3. 提升基层员工	0. 82
4. 雇用基层管理者	0. 72
5. 生产新产品或提供新服务	0. 62
6. 数额不大的计划外开支	0. 57
7. 外购设备类型、品牌或金额	0. 47
备选项：一线直接使用者（共事者）；基层管理者；部门经理；高层管理者（副职）；高层管理者（正职）	
正规化（α = 0. 93）	
8. 多数决策都有正式程序和政策可循	0. 82
9. 员工日常行为有标准可循	0. 79
10. 部门间重要联系都有书面记录	0. 73
11. 每一个岗位都有正式的岗位职责规定	0. 87
12. 高层管理团队成员来自公司各个部门	0. 76
13. 上下级工作关系有清晰的书面规定	0. 81
14. 正式组织结构图清晰规定了部门关系	0. 85
15. 员工薪酬按正式绩效考核标准发放	0. 92
16. 内部开支都已提前做好预算	0. 78
17. 各类计划都倾向于正式化和书面化	0. 84
执行能力（α = 0. 82）	
18. 部门间发生推卸责任现象的频率	0. 88
19. 部门协作需上级支持的程度	0. 73
20. 制定新制度讨论范围	0. 67
21. 高层管理者个人威信	0. 72
22. 如果不同意上级指示，可以不执行	0. 76
价值观差异性（α = 0. 65）	
23. 员工接受企业价值观的程度	0. 54
24. 员工行为符合企业要求的程度	0. 53
25. 员工主动辞职现象发生频率	0. 74

注：a 是该变量只有一个题目测量；b 是该变量的 α 信度。下同。

如表6.5所示，由于使用了成熟量表，所有组织特征变量的验证性因子载荷系数λ均在0.05的水平上显著，建构效度得到了保证；且α信度也都在0.6以上，可以接受。

四、数据分析

由于组织特征是潜伏变量，对其测量使用了里克特5级量表，通过表6.5所示的一些题目组合来分别反映。根据表6.5验证性因子分析的结果判断，各问题对反映组织特征变量的贡献程度因载荷系数λ的大小而不同，所以本书以各问题的λ值为系数进行加权平均，计算出每个样本的组织特征变量值。

以企业生命周期四个阶段做自变量对组织特征进行多重方差分析，然后对生命周期各阶段组织特征中的各种变量均值进行比较，通过显著性分析和均值排序来验证假设，数据分析结果汇总显示在表6.6中。

表6.6　生命周期各阶段组织特征的方差分析

假设排序与变量均值		生命周期分类及样本数量				F值
		启动74	成长146	成熟121	衰退55	
产权集中度（H1）	假设排序	1	2	4	1	5.999***
	均值	1.82ab#	1.53a	1.62b	2.15ab	
分权程度（H2）	假设排序	4	2	1	4	3.197*
	均值	3.11a#	3.33ab	3.20c	2.83bc	
组织正规化（H3）	假设排序	4	2	1	4	21.287***
	均值	3.99ab#	4.40ac	4.48b	3.48bc	
执行能力（H4）	假设排序	1	1	2	4	19.498***
	均值	4.12a#	4.27b	4.22c	2.85abc	

续表

假设排序与变量均值		生命周期分类及样本数量				F 值
		启动 74	成长 146	成熟 121	衰退 55	
价值观差异性（H5）	假设排序	2	4	2	1	5.656***
	均值	1.32ab#	1.09ac	1.34c	1.82bc	

注：#标有相同字母下标的项目均值存在显著差别，即某一组织特征变量在生命周期某些阶段标示了相同的字母下标时，这几个阶段便存在显著差异。*** $p<0.001$；** $p<0.01$；* $p<0.05$。

由于方差分析只能证明被调查企业样本的部分组织特征在生命周期不同阶段的均值存在显著差异，为了进一步证明表 6.6 中组织特征均值的高低有统计意义，本书分别以各组织特征为因变量，以生命周期为自变量，使用单因变量协方差法分析生命周期不同阶段对各类组织特征的影响；同时以组织特征为因变量，以生命周期为自变量，进行多因变量协方差分析，通过对 Hotelling's T 和 Wilks'λ 的 F 检验来揭示生命周期对组织特征整体效应的显著性，以进一步佐证单因变量协方差分析的结果。数据分析结果汇总显示在表 6.7 中。

特别说明，协方差的主要目的是验证生命周期作为自变量确实会对不同的组织特征产生影响，是为了从侧面进一步论证选择生命周期分析其对组织特征影响的合理性，可强化多因素方差分析结果的合理性。

表 6.7　协方差分析与多元协方差分析

	自变量	因变量				
		产权集中	分权程度	正规化	执行能力	价值观差异
（1）单因变量协方差分析（ANCOVA）	生命周期	2.403**	2.206*	9.836***	12.937***	5.599***
	R^2	0.146	0.130	0.239	0.165	0.402
（2）多因变量协方差分析（MANCOVA）	Hotelling's T	0.310				
	Wilks'λ	0.753				
	F T	7.989***				
	Fλ	7.730***				

注：*** $p<0.001$；** $p<0.01$；* $p<0.05$。

如表6.7所示，对度量组织结构特征的5个变量的多变量协方差分析发现，生命周期解释了因变量方差的25%（1 − Wilks'λ），而Hotelling's T和Wilks'λ的F检验都非常显著（$p < 0.001$）。协方差分析发现生命周期对产权集中度、分权程度、正规化、执行能力和价值观同一性等所有组织结构变量均显著，说明生命周期各阶段是组织特征的显著影响因素。

将表6.6单因素方差分析与表6.7协方差分析的结果进行比较，可以认为随着生命周期各阶段的演进，组织特征变量也随着产生显著变化，因而在生命周期的不同阶段，组织特征也有明显变化。这证明了表6.6中组织特征在生命周期不同阶段的均值比较有实际意义，可以据此作组织特征分布差异的比较。

表6.6的均值比较显示，产权集中度、分权程度、组织正规化、执行能力、价值观差异性5个变量在生命周期的不同阶段有着明显的高低变化。其中产权集中度在启动期和衰退期最高，而且与其他阶段差别显著，但在成长期和成熟期的差别不明显，说明企业在启动期和衰退期产权主要集中在一个家族或极少数大股东手中，而到了成长期和成熟期出现了明显的股权分散现象，可能是出于融资的目的，向社会公开或不公开地出售股权，也可能是出于激励的需要而实施管理层收购或员工持股计划造成的。虽然成长期和成熟期由于均值差别不明显而无法做出股权集中度孰高孰低的判断，但它们明显低于启动期和衰退期，基本证实了H1。

集权或分权程度的分析与产权集中度的分析类似。数据比较显示在启动期和衰退期企业集权管理较明显，而在成长期和成熟期分权管理较明显，但成长期和成熟期分权程度不明显无法进一步作比较，因而H2只能是得到了基本证实。组织正规化的表现与H3预测的完全一致，成熟期组织管理最规范，成长期次之，而启动期和衰退期的管理最不规范，其中衰退期的规范化程度明显低于前三个阶段，显示衰退期的管理可能已陷入混乱无序的状态。另外，组织正规化程度总体显著性水平在所有组织特征中最高（$F = 21.287$），H3得到了完全证实。

执行能力在启动期、成长期和成熟期没有显著差别，无法在这三个阶段做出比较，但它们都极为明显地高于衰退期。部分证实了 H4。价值观同一性的表现与 H5 的预测完全一致，在成长期企业价值观的认同程度和凝聚力最强，在启动期和成熟期次之，在衰退期最弱，而且这三个阶段（启动期和成熟期合并考虑）的两两比较都达到显著水平。这也强烈地证实了 H5。

五、本章讨论

毫无疑问，与其他阶段相比，处于衰退期的企业是不成功的企业，这意味着处于成长和成熟期的企业是相对成功的企业，企业一直保持成长或成熟状态而远离衰退就意味着基业长青。本章的主要目的是想通过大样本统计来探索生命周期的不同阶段，企业是否在组织特征上存在明显差别，进而分离出发展型企业的组织特征。实证结果部分证实了这些差异的存在，这就为企业摒弃衰退期的不良组织症状，向发展型企业学习，针对性地改进自身组织特征以保持基业长青提供了借鉴。

企业的产权结构与权力分配明显随着生命周期的演变经历了集中—分散—集中的趋势，仅就本书来说，处于成长期和成熟期的样本企业与处于衰退期的企业相比，管理层较多地下放了决策权，产权结构也更分散；组织正规化程度经历了随意—规范—随意的过程。由于启动期和衰退期的产权结构、权力分配、组织正规化程度相似，若想在企业管理中直接参考这三个结论可能有所偏误。因为在启动期，产权集中和一定的组织随意性可能会提高组织效率及市场反应速度，但在衰退期它们却可能是企业衰败的表现，因此需要具体区分企业的生命周期阶段才可以应用上述结论。

第七章
结　论

一、研究结论

本书根据文献综述阶段提出的两个有关治理结构的问题，实地走访多家家族企业进行研究。研究过程中进行多方求证，通过典型案例分析得出现象归纳，在此基础上通过多案例逐项复制验证现象归纳并提出命题，较好地回答了文献综述阶段的两个问题，此外提出三个意外发现。

产权和管理控制权是企业治理结构的重要组成部分，这两点是本书研究的主线。

案例分析阶段得出的第一命题是有关产权的，其主要内容为：家族企业产权从启动期到成长期越来越集中；成熟期中后期家族企业产权将逐步由高度统一向分散发展，主要形式是上市。家族企业在启动期和成熟期分别出现产权分散现象都与资金紧密联系在一起，第一次由于企业启动资金的匮乏，引入合伙人导致产权分散；第二次的产权分散将出现在成熟期后期，这是笔者的一种合理推测，由于企业规模的扩张而需要扩张资金，因此通过上市集资方式走上产权分散之路。第一次转折——在启动期后期，由于剩余价值索取权、团队工作问题、谈判成本、监督成本等造成高昂的交易成本，家族认为合伙人带来的交易成本大于合伙人收益，因此家族选择产权集中。第二次转折——成熟期后期，由于上市带来规模经济效益而未带来高昂的交易成本。家族认为上市带来的收益大于交易成本，将有可能选择上市途径走向产权分散之路。

案例分析阶段得出的第二命题是有关管理控制权的，其主要内容为：在启动期初期，管理控制权有一定程度的分散；从启动期后期到成长期中期，管理控制权逐步集中；成长期后期，有逐渐分散的趋势，分散到职业经理人手中。管理控制权变化趋势基本上与产权变化一致。管理控制权在生命周期演变过程中也出现两次分散：第一次分散，与产权紧密联系，由于合伙人的共同管理导致的管理控制权分散；第二次分散，由于企业扩张对高级管理人才的需求日益增长，但家族内人才供给无法满足，家族不得不从经理人市场寻觅合适人才。职业经理人的渗入造成了后期的管理控制权分散。究其本质，在启动期，管理控制权分散带来的收益大于管理控制权分散带来的交易成本，故家族选择了合伙人；在成长期，管理控制权集中带来的收益大于其带来的交易成本，故家族收回了管控控制权；到成熟期，经理人带来的收益大于其带来的交易成本，故家族再一次适度授权给经理人。

本书在进行产权和管理控制权这一主线的分析过程中，除得出有关产权和管理权的两个命题外，还意外得出三个发现。这三个发现分别关于家族对组织规范性的自我评价、上市和员工参与度。

发现1，随着家族企业生命周期的演进，为何企业对自我组织规范化评价越来越低？由于信息不对称，造成了家族主观上的认知偏差，启动期企业错误地将个别有关规范性的信息泛化形成管理规范化程度高的判断；反之，成熟期企业错误地根据个别有关规范性的信息形成该公司组织管理规范化程度低的判断，这都是晕轮效应形成的认知偏差。此外，由于各生命周期阶段组织规模差异大，规模小的企业管理难度相对低，而规模大的企业管理复杂，家族误认为是由于规范性造成的这种管理难易程度的差别。因此，规模因素在一定程度上加剧了家族主观上的认知偏差。

发现2，家族企业拒绝并排斥将股权分配给家族外成员——合伙人；但是在潜意识里接受上市这种形式。由于合伙人的交易成本大于其带来的收益；而上市通过集资形成规模经济效应而并未带来高昂的谈判费用和监督费用，同时上市使家族能有效地利用外部监督，因此上市带来的收益大于带来的交易成本。所以家族在企业发展过程中得出的经验教训使其毅然决然地放弃了合伙人，待时机成熟时将上市之路慢慢推进。

发现3，从启动期到成熟期，家族企业员工自我参与企业管理决策的程度逐渐提高。由于普通员工能力有限、不享有产权和从众心理等原因，使得启动期时企业员工自我参与企业决策的意愿低；更深层次的原因是家族和企业员工之间签订的是不完全契约，员工防止对企业形成资产专用性而影响其再次择业的转换成本和讨价还价能力，因此不愿意为企业投入过多，不愿意参与管理决策。待后期，由于员工能力的增长，契约的完善等，企业员工逐渐表达自己，提出自己的意见和建议，为家族献计献策。

二、研究贡献

（一）理论贡献

本书的研究贡献主要表现在生命周期视角和家族企业治理结构的结合、交易费用理论视角的运用、多案例研究方式的使用、研究效度和提出的两个命题和三个发现。

第一，在生命周期视角下提出有关家族企业治理结构的命题。从以往文献回顾中可以看出，国内外文献对家族企业生命周期研究的文章颇多，如关于家族企业生命周期特征、家族企业生命周期的内部因素等；对家族企业治理结构探讨的文章也不少，如关于家族企业组织结构设计、家族式管理等，但是将家族企业治理与生命周期结合考察的文章并不多。从家族企业生命周期角度来考察家族企业治理问题的文章不多，有些涉及的文章也并未从系统的角度，只是零散地涉及个别生命周期的个别治理维度，并未从完整的生命周期的角度将家族企业治理问题完全呈现出来。在总结前人研究不足的基础上，本书的研究跨越了启动期、成长期和成熟期三个阶段，已经形成较完整的生命周期，能体现家族企业治理结构随着生命周期演变的粗略变化过程。本书的最终结果是提出两个命题，这两个命题有关家族产权和管理控制权随着生命周期演变的变化趋势，圆满地回答了文献综述阶段对家族治理结构方面提出的问题，并在回答问题之外提出了三个发现，丰富了内容。

第二，纵向运用交易费用理论解释研究命题。交易费用理论是经济学的理论，运用经济学的理论来分析管理学上的问题，交易费用理论解释力度很强，解释管理学问题也游刃有余。本书的主要命题和发现都是运用交易费用理论来解释的，涉及产权理论、团队工作理论、委托—代理理论、激励相容理论、信息经济学理论、不完全契约理论和规模经济等都与交易费用理论联系紧密。以往的文献中也不乏从交易理论角度来分析家族企业问题的，但主要运用的还是委托—代理理论，对其他理论的运用频率不高。本书综合运用了以上理论编织出一张强有力的解释网，将两个命题和三个发现中涉及的问题全部囊括在这张交易费用理论的解释网中，用交易费用理论很好地解释了发现和命题，解释一环扣一环，层层推进。

第三，运用案例研究方法提高研究的严谨性。从以往文献总结来看，对家族企业生命周期问题或是家族企业治理结构问题的研究主要采用的方法有大样本数据采集方法和综述性文章，几乎没有采用案例研究方法的。本书在研究方法上另辟蹊径，采用了多案例研究方法，案例研究分为两个阶段，首先是典型案例分析归纳出现象，其次通过多案例逐项复制验证了现象，并提出命题。通过案例研究很好地再现了家族企业各个生命周期阶段的一些治理结构问题。通过案例访谈获得的一手资料真实可靠，挖掘空间大，为之后理论分析和探索性研究提供了良好的资源。有了感性而具体的案例做铺垫，理论分析不再晦涩难懂，现象和理论之间相互呼应，很好地解释了研究主题。案例的运用使得研究过程中受到其他无关因素的干扰较小，因此内部效度高。但是由于案例研究自身的不足，案例本身都是个案，而每个个案都有自身不可复制的特点，如特定的时间、空间环境等导致外部效度不高。但是本书在案例研究方法的范围内，通过多案例逐项复制和提出一些竞争性解释尽力去改善外部效度。因此，在案例研究范围之内，效度还是可以接受的。

本书还通过大样本统计验证了企业在生命周期的不同阶段存在的组织特征差异，这些特征是与市场特征相对应的广义组织结构特征，该领域实证研究较少，而且多数讨论的是狭义组织结构与部分市场特征差异，本书对组织特征的研究相对较全面。另外，现有的组织生命周期文献以案例研究和理论推演为主，艾迪斯的经典文献根据经验和理论推理讨论了企业家特征中的创新能力、计划（战略）能力、规范化管理和协调能力，但这些结论缺少实证研究的支持。本书提供的实证结论可以解释生命周期中组织特征的差异，增加了该领域的知识积累。

（二）管理内涵

本书的主要任务是研究家族企业治理结构随生命周期演进的变化情况，该研究也可以为家族企业指出一些管理通病并提供一些建议。

第一，积极应对产权随生命周期的变化趋势。家族企业中凝结着创业者的智慧、汗水与期望，创业者对企业有着浓厚的感情，因此创业者不愿意稀释股权，且通常创业者对股权的维护愿望比第二代、第三代强烈。由研究发现可知，当家族企业发展到一定程度时，家族会通过上市形式稀释股权。家族应以积极的态度应对产权的变化趋势，并为之做好充分准备，当产权分散时家族能处于有利的、主动的位置。家族应在企业的管理规范化、财务制度等上下功夫，做好充分准备并有效利用这一机会进一步扩张企业版图，争取更多的社会信誉和市场机会。

第二，管理控制权应有计划地下放。由于企业家突出的个人能力，往往使企业家成为一名多面手，是合格的管理者，又是优秀的质检员，也是勤劳的工人，不能全心全意抓管理；由于家族企业的特性，不加以他人之手，不信任家族外的经理人，扼杀了许多能为家族所用、为家族创造利润的优秀管理人才。家族企业的规模在一定范围内时，家族内的人力资本能满足企业对高级管理人才的需求，家族全权管理不失为一种安全可靠的方法；当家族企业规模不断扩张时，家族内人力资本不能满足企业对高级管理人才的需求，家族不得不借助经理人管理。如果此时家族仍保守地只用家族内成员，势必给企业带来高强度的管理负荷，进而转化为管理危机，因此对管理控制权应进行有计划地下放。管理控制权分散是一种发展趋势，那么对职业经理人的管理方式应早做准备。

第三，综合运用激励和监督有效管理经理人。经理人其实也是家族企业的雇员，对其管理方式应与一般员工的方式类似，综合运用监督和激励机制。但由于职业经理人的特殊性，对家族如何运用监督和激励机制要求更高。较好的做法是，利用合理的激励相容机制，促使经理人的利益和家族的利益一致，经理人做出的决策才与家族利益最大化的决策一致。此外，合理运用内部监督和外部监督机制，内部监督成本由家族承担，而外部监督成本可由市场承担。家族应善于利用经理人市场和股价的涨跌等外部监督机制来降低家族管理成本。

第四，有效利用员工智慧来寻找企业发展的新契机。家族的智慧相对于广大的员工群体来说是有限的。研究发现员工参与随着家族企业生命周期的演进而逐渐提高。对于家族来说，相对来说启动期比成熟期更需要员工共享智慧火花。处于启动期的家族企业根基薄弱、抗风险能力弱，更需要广大员工共同献计献策，为企业迅速成长、稳步进入下一生命周期而贡献。所以启动期的家族企业应积极处理员工关系，试图构建良性企业文化，将整个企业凝结成一个荣辱与共的集体，营造良好的工作环境使员工积极出谋划策。成长期和成熟期的家族企业应有效保持该优良传统，助企业形成良好的发展态势。

三、研究不足与展望

本书在以往文献的基础上，对家族企业治理结构进行探索性案例研究。由于人力物力的限制、样本选择的导向性问题和案例研究本身固有的缺陷，不可避免地存在一些不足之处。

第一，结论的一般化有待验证。由于案例研究固有的问题，虽然内部效度高，但是外推适应性不确定。案例研究主要涉及的是深入分析一个或者多个具有典型意义的例子，归纳出一些现象和规律；而不是像大样本分析一样采集成百上千的样本，运用分析工具加以分析，得出一些共性。因此案例研究的结果外部推广性相对较差。

第二，方便样本。由于人力、物力条件的限制，在样本的选取上倾向于选择一些相对容易获得的样本，如为了地理上的方便，本书选取的样本主要集中在江浙沪三地。现实中也存在一些很典型的案例，但是由于地理、人际沟通上的种种原因，有些样本不便于访谈，采集难度较大。

第三，研究样本中缺乏衰退期样本。由于衰退期样本相比其他周期的样本更难找，在样本收集过程中并未收集到衰退期样本，对生命周期的完整性有影响。

由于本书存在以上缺陷，得出的有关产权和管理控制权随着生命周期演进的变化结论比较粗略。进一步深入研究，在案例研究上可以补充一些典型案例特别是衰退期案例。在典型案例地域上的范围可以更广，不仅是江浙沪三地的家族企业，可以加入若干北方地区和南方地区的案例；也可增加若干非家族企业样本作为对照组进行研究。在案例研究的基础上采用大样本定量研究进一步检验和修正本书的结论。定量研究和定性研究的相互印证，能有效提高研究结论的信度和效度。

参考文献

［1］爱迪斯．企业生命周期［M］．北京：中国社会科学出版社，1997．

［2］毕艳杰．引入职业高管与家族企业治理特征的演变［J］．经济经纬，2007（1）：119－121．

［3］陈红芳．家族企业生命周期管理模式的“蜕变”之路［J］．管理纵横，2003（2）：114－115．

［4］陈佳贵．关于企业生命周期与企业蜕变的探讨［J］．中国工业经济，1995（11）：5－13．

［5］陈佳贵，黄速健．企业经济学［M］．北京：经济科学出版社，1998．

［6］陈凌．信息特征、交易成本和家族式组织［J］．经济研究，1998（6）：27－33．

［7］程书强．家族制——一种我国私营中小企业可取的管理模式［J］．理论导刊，2003（12）：35－36．

［8］储小平．职业经理与家族企业的成长［J］．管理世界，2002（4）：100－108．

［9］邬爱其，贾生华，陈宏辉．企业成长过程中的企业家能力转换与家族企业组织演替［J］．外国经济与管理，2003（6）：20－24．

［10］福布斯．中国家族企业调查［R］．上海：2010．

［11］傅逸斐．员工持股：国外经验和我国的实践［J］．浙江经济，

2007 (13): 53 - 54.

[12] 弗朗西斯·福山，彭志华译. 信任——社会美德与创造经济繁荣 [M]. 海口：海南出版社，2001.

[13] 盖尔西克. 家族企业的繁衍 [M]. 北京：经济日报出版社，1998.

[14] 高雷，宋顺林，何少华. 管理者报酬与企业绩效实证分析 [J]. 统计与决策，2006 (6): 154 - 156.

[15] 何梦笔. 网络、文化与华人社会经济行为方式 [M]. 太原：山西经济出版社，1996.

[16] 胡军，王霄，钟永平. 华人企业管理模式及其文化基础——以港、台及大陆为例实证研究的初步结果 [J]. 管理世界，2002 (12): 104 - 113.

[17] 胡军，朱文胜，庞道满. 劳动契约、交易费用和关系治理——华人家族企业内部治理行为分析 [N]. 暨南大学学报 (哲学社会科学版)，2002 (5): 14 - 19.

[18] 胡美琴，李元旭，骆守俭. 企业生命周期与企业家管理周期匹配下的动态竞争力模型 [J]. 当代财经，2006 (1): 76 - 88.

[19] 金毓，焦丽娜. 家族企业第一大股东持股比例对企业绩效影响的实证分析 [J]. 技术经济，2007 (11): 121 - 124.

[20] 蓝红星，陈高林. 企业生命周期理论与我国民营企业的“二次创业” [J]. 现代管理科学，2005 (6): 63 - 64.

[21] 乐国林，张玉利，毛淑珍. 社会资本结构演变与我国家族企业发展演化 [J]. 社会科学辑刊，2006 (2): 43 - 50.

[22] 雷丁 (G. Redding). 海外华人企业家的管理思想——文化背景与风格 (中译本) [M]. 上海：上海三联书店，1993.

[23] 李德军. 家族企业生命周期的演进 [J]. 企业管理，2009 (4): 178 - 179.

[24] 李仁安，叶锐，曾松. 企业生命周期理财目标及最佳组织结构

研究［J］. 武汉理工大学学报，2005（2）：208－211.

［25］李文．东亚家族企业的社会功能与发展趋势［J］. 当代亚太，2002（1）：35－42.

［26］李新春．信任、忠诚与家族主义困境［J］. 管理世界，2002（6）：87－93.

［27］李新春．经理人市场失灵与家族企业治理［J］. 管理世界，2003（4）：87－95.

［28］李业．企业生命周期的修正模型及思考［J］. 南方经济，2000（2）：47－50.

［29］梁磊，张鲲鹏．家族企业组织演进的进化博弈模型［J］. 管理学报，2006（1）：39－43.

［30］刘万霞．家族企业发展的优势和劣势分析［J］. 中国民营科技与经济，2005（8）：16－19.

［31］刘希普．决策权导向完善公司治理结构的逻辑起点［J］. 华东科技，2002（10）：50－52.

［32］鹿麟，王乃峰．家族企业存在的合理性研究［J］．科技与管理，2005（2）：69－71.

［33］马克斯·韦伯．新教伦理与资本主义精神［M］．上海：上海三联书店，1987.

［34］马克斯·韦伯．新教伦理与资本主义精神（中译本）［M］. 成都：四川人民出版社，1987.

［35］马丽波．中国家族企业组织的合理性及其管理效率评价［J］. 东北财经大学学报，2002（3）：55－58.

［36］马丽波．资本市场与家族企业组织演进［J］. 市场周刊，2006（12）：101－103.

［37］潘必胜．乡镇企业中的家族经营问题［J］. 中国农村观察，1998（1）：12－18.

［38］彭晓辉．关于家族企业组织设计的思考［J］. 怀化学院学报，

2006（9）：1－3.

［39］苏琦，李新春．内部治理、外部环境与中国家族企业生命周期［J］．管理世界，2004（10）：85－96.

［40］苏启林，钟乃雄．海外华人家族企业组织管理和分布特征［J］．外国经济与管理，2004（9）：13－20.

［41］田华，王金川．淡化家族制管理——家族企业发展的必然选择［J］．中国西部科技，2006（18）：88－89.

［42］田银华，李莉，暨朝满．我国高科技企业的权力结构与治理机制研究——基于企业生命周期的视角［J］．中国民营科技与经济，2007（1）：89－91.

［43］王飞鹏．家族企业可持续发展和治理结构优化研究［J］．企业经济，2009（1）：187－189.

［44］汪忠，曾德明，龙淼．机构投资者优化企业资本结构选择研究［J］．南开管理评论，2006（1）：28－32.

［45］王志明，顾海英．家族企业成长和治理结构的变迁［J］．财经科学，2004（4）：1－5.

［46］武立东．公司治理对高管报酬的调节效应分析——基于民营上市公司大股东控制、董事会监督的视角［J］．山西财经大学学报，2007（7）：74－79.

［47］吴雅冰．中国家族企业内部治理模式的种类及演进研究［J］．企业纵横，2009（10）：75－77.

［48］向荣．家族企业的界定、存在的合理性及演变趋势［J］．软科学，2005（4）：93－96.

［49］小艾尔弗雷德·钱德勒．看得见的手——美国企业的管理革命［M］．北京：商务印书馆，1987.

［50］肖海林．企业生命周期理论辨析［J］．学术论坛，2003（1）：65－67.

［51］许晓明，李金早．CEO任期与企业绩效关系模型探讨［J］．外国

经济与管理，2007（8）：45－50，57.

［52］许晓明，吕忠来．民营企业生命周期［J］．经济理论与经济管理，2002（5）：54－58.

［53］薛求知，徐忠伟．企业生命周期理论：一个系统的解析［J］．浙江社会科学，2005（5）：192－197.

［54］杨志龙．家族企业的绝对权力效应及其实证研究［J］．现代管理科学，2007（1）：84－86.

［55］叶国灿．论家族企业控制权的转移和内部治理结构的演变［J］．管理世界，2004（4）：147－149，153.

［56］叶银华．家族控股集团、核心企业与报酬互动之研究［J］．管理评论（台湾），1999，18（2）：59－86.

［57］Yin R K. 案例研究：设计与方法［M］．重庆：重庆大学出版社，2004.

［58］于淼，刘建长．家族企业生命周期各阶段及延长生命期的对策［J］．牡丹江大学学报，2008（1）：115－116，131.

［59］张钢，于小涵．我国家族式企业的特征与成长模式［J］．中国软科学，2002（7）：57－63.

［60］张宏伟．家族企业组织层面研究的新进展［J］．经济理论与经济管理，2005（1）：63－68.

［61］张然，侯光明，李存金．论家族企业发展的路径依赖及创新［J］．中国软科学，2003（10）：67－71.

［62］张文咏．家族企业组织管理模式的系统基模分析［J］．企业家天地，2006（3）：58－59.

［63］张越．员工持股模式分析及实施建议［J］．山西青年管理干部学院学报，2005（4）：38－41.

［64］周立新．企业家网络、企业家精神与家族企业组织演进［J］．生产力研究，2003（6）：203－204.

［65］周莹．从文化视角审视家族企业组织结构［J］．乡镇企业研究，

2004 (5): 24 -25.

[66] 朱宇. 经理、内部董事与公司财务风险外部化——基于管家理论的视角 [J]. 贵州财经学院学报, 2006 (4): 38 -42.

[67] Alexander J. S. Colvin, Wendy R. Boswell. The problem of action and interest alignment: Beyond job requirements and incentive compensation [J]. Human Resource Management Review, 2007, 17 (1): 38 -51.

[68] Arye L. Hillman. Corruption and public finance: an IMF perspective [J]. European Journal of Political Economy, 2004, 20 (4): 1067 -1077.

[69] Astrachan J H, Shanker M C. Family businesses' contribution to the U. S. economy: A closer look. Family [J]. Business Review, 2003 (16): 211 -219.

[70] Anderson Jr. WT, Golden L L. Lifestyle and Psychographics: A Critical Review and Recommendation [J]. Advances in Consumer Research, 1984, 11 (1): 405 -411.

[71] Baik K H, Bouwe R, Lee Sanghack, et al. The equivalence of rent - seeking outcomes for competitive - share and strategic groups [J]. European Journal of Political Economy, 2006, 22 (2): 337 -342.

[72] Bhattacharya, U., B. Ravikumar. Capital markets and the evolution of family business [J]. Journal of Business, 2001, 74: 187 -220.

[73] Burkart, Mike C. and Panunzi, Fausto and Shleifer, Andrei, Family Firms [EB/OL]. https: //ssrn. com/abstract = 447374, 2002 - 5 - 21, 2018 -10 -15.

[74] Burkart M, Fausto Panunzi. Agency conflicts, ownership concentration and legal shareholder protection [J]. Financial Markets Group (LSE) Discussion Paper, 2001 (1): 378.

[75] Cabello - Medina Carmen, Carmona - Lavado Antonio, Valle - Cabrera Ramon. Identifying the variables associated with types of innovation, radical or incremental: strategic flexibility, organisation and context [J]. International

Journal of Technology Management, 2006, 35 (1): 80 - 106.

[76] Chandler, A. D. Strategy and structure [M] . Cambridge: MIT Press, 1962.

[77] Chandler S H Hanks. Market attractiveness, resource - based capabilities, venture strategies, and venture performance [J] . Journal of Business Venturing, 1994, 9 (4), 331 - 349.

[78] Chua, J. H. , et al. Family involvement and new venture debt financing [J]. Bus. Venturing (2010), doi: 10. 1016/j. jbusvent. 2009. 11. 002.

[79] Churchill N, Lewis V. The five stages of small business growth [J]. Harvard Business Review, 1983, 61 (3): 30 - 50.

[80] Colli A, Fernandez - Perez P, Rose M. National determinants of family firm development: Family firms in Britain, Spain and Italy in the 19th and 20th centuries [J]. Enterprise & Society, 2003, 4 (1): 28 - 65.

[81] Davis R C. The fundamentals of top management [M]. New York: Harper, Row & Brothers Press, 1951.

[82] Davis J A, Tagiuri R. The influence of life - stage on father - son work relationships in family companies [J] . Family Business Review, 1989 (2): 47 - 74.

[83] Debra L. The organizational lifecycle theory: A study of R&D in the pharmaceutical industry [D] . A doctor dissertation, Kent State University, 2003.

[84] Doger H, Fullerton S, Robbins J. Stage of the organizational lifecycle and competition as mediators of problem perception for small business [J]. Strategic Management Journal, 1994, 15 (1): 121 - 134.

[85] Dyer B, Frederick A, Harder, etc. Do the organizational structures of religious places of worship reflect their statements of faith? an exploratory study [J]. Review of Religious Research, 2005, 47 (1): 51 - 69.

[86] Eddleston, Kimberly A, Chrisman, James J, Steier, Lloyd P, Chua,

Jess H. Governance and Trust in Family Firms: An Introduction. Entrepreneurship [J]. Theory & Practice, 2010, 34 (6): 1043 - 1056.

[87] Eugene F. Fama. Agency problems and the theory of the firm [J]. The Journal of Political Economy, 1980, 88 (2): 288 - 307.

[88] Flamholtz E G. Managing the transition from an entrepreneurship to a professionally manage firm [M]. San Francisco: Jossey Press, 1986.

[89] F1amholtz E G. Growing Pains [M]. San Francisco: Jossey Press, 1990.

[90] Feinberg R. Effective management of social enterprises: Lessons from businesses and civil society organizations in iberoamerica [J]. Foreign Affairs, 2006, 85 (6): 169 - 170.

[91] Gibb Dyer Jr, David A. Whetten. Family firms and social responsibility: Preliminary evidence from the S&P 500 [J]. Entrepreneurship Theory and Practice, 2006, 30 (6): 785 - 802.

[92] Gibb Dyer Jr., Svetlnan Panicheva Morthensen. Entrepreneurship and family business in hostile environment: the case of Lithuania [J]. Family Business Review, 2005, 18 (3): 247 - 258.

[93] Goodijk R. Corporate governance and stakeholder management: The Ing - case [J]. Corporate Ownership & Control, 2003, 1 (1): 149 - 155.

[94] Greiner L E. Evoltution and revolution as organizations grow [J]. Harvard Business Review, 1972 (July - August): 37 - 46.

[95] Habbershon T, Williams M L. A resource based framework for assessing the strategic advantages of family firms [J]. Family Business Review, 1999 (12): 1 - 25.

[96] Hamilton G, William Zelie, Wan - Jin Kim. The network structures of the East Asian economies in capitalism in contrasting cultures [M]. Berlin and New York: Walter de Gruyter, 1999.

[97] Hanks S H, Watson C J, Chandler G N. Tightening the lifecycle

construct: A taxonomic study of growth stage configuration in high - technology organizations [J]. Entrepreneurship: Theory and Practice. 1993, 18 (2): 5 - 31.

[98] Huffman M L. Organizations, internal labor market policies and gender inequality in workplace supervisory authority [J]. Sociological Perspectives, 1995, 38 (3): 381 - 397.

[99] Jawahar I, McLaughlin G. Toward a descriptive stakeholder theory: An organizational lifecycle approach [J]. Academy of Management Review, 2001, 26 (3): 397 - 414.

[100] La Porta, Rafael, Florencio Lopez - de - Silanez, Andrei Shleifer, and Robert Vishny. Legal Determinants of External Finance [J]. The Journal of Finance, 1997, 3: 1131 - 1150.

[101] La Porta, Rafael, Florencio Lopez - de - Silanez, AndreiShleifer, and Robert Vishny. Law and Finance [J]. Journal of Political Economy, 1998, 106 (6): 1113 - 1155.

[102] La Porta, Rafael, Florencio Lopez - de - Silanes, Andrei Shleifer, and Robert Vishny. Corporate ownership around the world [J]. Journal of Finance, 1999, 54 (2): 471 - 517.

[103] Lynne G. Zucker. Production of trust: institutional sources of economic structure, 1840 - 1920 [J]. Research in Organizational Behavior, 1986, 8: 53 - 111.

[104] Marnet. History repeats itself: The failure of rational choice models in corporate governance [J]. Critical Perspectives on Accounting, 2007, 18 (2): 191 - 210.

[105] Masaharu Hanazaki, Qun Liu. Corporate governance and investment in East Asian firms—empirical analysis of family - controlled firms [J]. Journal of Asian Economics, 2007, 18 (1): 76 - 97.

[106] McConaughy, Daniel L. Family CEOs Vs non - family CEOs in the

Family controlled Firm: An Examination of the level and Sensitivity of Pay to Performance [J]. Family Business Review, 2000, 13 (2): 121 - 131.

[107] Miller D, Friesen P. Successful and unsuccessful phases of the corporate lifecycle [J]. Organization Studies, 1983 (4): 339 - 356.

[108] Miller D, Le Breton - Miller I. Challenge versus advantage in family business [J]. Strategic Organization, 2003, I (1): 127 - 134.

[109] Miller D, Le Breton - Miller I. Managing for the long run - Lessons in competitive advantage from great family businesses [M]. Boston: Harvard Business School Press, 2005.

[110] Miller I, Miller D. Why do some family businesses out - compete? Governance, long - term orientation, and sustainable capability [J]. Entrepreneurship Theory and Practice, 2006, 30 (6): 731 - 746.

[111] Morck R, Yeung B. Family control and the rent seeking society [J]. Entrepreneurship Theory and Practice, 2004, 28: 391 - 409.

[112] Olson P D, Terpstra D E, Organizational structural changes: Lifecycle stage influences and manager's and interventionists' challenges [J]. Journal of Organizational Change Management, 1992, 5 (4): 27 - 40.

[113] Rabellotti R. External economies and cooperation in industrial districts [M]. Mexico: A Comparison of Italy and Mexico Macmillan Press Ltd, 1997.

[114] Scott B R, Bruce R. Five stages of growth in small business [J]. Long Range Planning, 1987, 20 (3): 45 - 52.

[115] Smith K, Mitch T, Summer C E. Top level management priorities in different stages of the organizational lifecycle [J]. Academy of Management Journal, 1985, 28 (4): 799 - 820.

[116] Tuason R. Corporate lifecycle and the evaluation of corporate strategy [J]. Academy of Management Proceedings, 1973 (1): 35 - 40.

[117] Kalleberg A L, Mastekaasa A. Organizational Size, Layoffs, and

Quits in Norway [J]. Social Forces, 1998, 76 (4): 1243 - 1273.

[118] Kouroche V. Abuse of authority and collusion in organizations [J]. European Journal of Political Economy, 2005, 21 (2): 385 - 405.

[119] Ying - Fen Lin. Corporate governance, leadership structure and CEO compensation: Evidence from Taiwan [J]. Corporate Governance: An International Review, 2005, 13 (6): 824 - 835.

[120] Zingales, L. Insider ownership and the decision to go public [J]. The Review of Economic Studies, 1995 (62): 425 - 448.

附录 1

研究 1 的访谈提纲[①]

访谈目的：了解公司现在处于哪个发展阶段，是企业的初创期或发展期，还是已经处于比较成熟的阶段了？（在以下 1～9 大题中加入生命周期的提问。如果之前他回答的是发展期，就在问完现在的情况下，追问他公司在初创期时各个问题的情况）

1. 企业的管理结构是怎样的？（董事长，高管分管哪些方面，有多少中级管理人员，又分别负责什么）

1a. 请问您在公司中担任什么职务？能简单地描述你的工作内容吗？请问您管理的人员有哪些？能简单地描述他们的职位吗？（如果他下属的职位较高，可以继续询问）

1b. 请问贵公司高层管理人员包括哪些？请举例说明他们的日常工作。

1c. 请问贵公司的最高领导人的日常工作内容？他下面分为几个部门，哪些人由他直接领导？

2. 各个管理层的管理者的决策权范围有哪些？

2a. 刚提及的高层管理人员，其日常管理的人员有几个，涉及哪些方面的具体工作？

---

① 访谈提纲中的每一个问题，都由研究者事先根据被访谈者的年龄、专业背景、文化水平、管理专业知识等的差异，设想出了不同的问法，如 1a、1b、1c 等。访谈过程中根据被访谈人的具体情况，可能使用不同的问法，也可能随机应变或不问（因对方的兴趣、脾气、时间宽裕程度或访话氛围等而变），故后续访谈笔录的问题与提纲有出入属于正常现象。附录 8 中对研究 2 访谈提纲的说明与此相同。

2b. 刚提及的这些员工中，有中层管理者吗？（如果有，请介绍一下他们日常负责管理哪些人员，简单描述他们的工作内容，像这样的中层管理人员有多少人）

2c. 基层管理人员日常管理多少员工？简单介绍涉及管理方面的工作内容。

3. 来自家族内部的人员在企业中担任的职位有哪些？有多少人来自家族内部？

3a. 作为家族企业，如果有家族内部成员想进入企业服务，企业会提供这种机会吗？举一例说说。（关于家族成员在企业内任职的例子）

3b. 来自家族内部的员工多吗？大概有多少？比例如何？家族成员在企业内任职主要涉及哪些岗位？这些岗位中哪些属于重要岗位？

3c. 他们在企业内的服务年限长吗？一般的服务年限是多少？在企业内部工作过以后，选择去其他企业工作的情况有吗？（问流动率）如果有，请举个例子。

3d. 他们的薪资水平一般是多少？工资待遇与同资历同岗位的普通员工相比怎么样？

4. 在企业发展过程中，企业的股份都掌握在哪些人手中，都掌握了多少股份？（创业者、高层管理人员、中层管理人员、基层管理人员和投资机构）

4a. 企业的高层管理者拥有公司的股份吗？能简单介绍公司的股份分配吗？

4b. 投资机构在贵公司拥有公司的股份吗？

5. 董事会的组成情况是怎样的？（内部董事？独立董事？）

5a. 请问贵公司董事会共有几位成员？能对他们做简单的介绍吗？

5b. 在这些董事中，有独立董事吗？就是完全不用参与公司经营活动的董事，有的话，有几位，请具体描述一下。

5c. 有不参与公司经营活动，但与公司在某一方面有联系的董事吗？有的话，有几位，请具体描述一下。

5d. 剩下的都是内部董事吗?

6. 高级管理层的薪酬福利水平? 薪酬的形式和构成?

6a. 高层管理人员一般一年的收入有多少? 收入包括哪些形式?（如工资、奖金、分红等）

6b. 相对于高层管理人员的薪酬水平，中层管理人员的待遇怎样? 收入有哪些形式?

6c. 基层管理人员的薪资水平呢? 有哪些部分组成?

6d. 基层员工的收入水平呢? 有哪些形式组成?

7. 薪酬会不会与业绩挂钩? 管理人员占的股权有多少? 有没有通过股权来激励?

7a. 公司在做薪酬时，会与业绩挂钩吗? 哪些层面或者职位的员工收入与其绩效紧密联系在一起?

7b. 股权会不会用来激励业绩突出的管理人员，如果会，一般会用多少股权作为激励?

8. 在做关键性决策时，会从低层集思广益吗? 过去有没有采用过低层的意见? 采用低层意见的概率有多少?

8a. 在人事聘用上，如果只是决定是否聘用一位基层工作人员，一般由谁（或者说哪个职位的人）做出决策?

8b. 在人事聘用上，如果是聘用一位中层管理者，一般要经过几轮面试? 最终如何决定是否聘用?

8c. 在聘用管理者时会考虑哪些因素? 会考虑直接下属的意见吗?

9. 在工作过程中，员工受到工作标准的约束吗? 员工对何时做、如何做有自主权吗? 有多大的自主权?（关于规范化、制度化问题）

9a. 公司给员工制定有严格的工作指标吗? 能简单地描述基层员工的工作标准吗?（可以举一个工种做说明吗?）

9b. 在如何做这项工作中，工作内容怎么做，是公司统一规定的还是可以部分由员工自己决定，程度如何? 何时做这些工作，有明确规定吗?

9c. 员工在工作时会对一些内容提出修改意见吗？公司会接受员工提出的修改意见吗？公司有激励机制来激励员工提出好的修改意见吗？

10. 关于继承人培养问题。

10a. 对于继承人的选择和培养有哪些想法？

10b. 最近有报道吴江富三代断指来表示不愿意继承企业，如果继承人不愿意继承企业，会如何处理？

10c. 如果没有合适的继承人，会选择将公司交给有能力的职业经理人打理吗？

附录2

A 公司访谈笔录[①]

请问贵公司现在处于哪个发展阶段，是企业的初创期或发展期，还是已经处于比较成熟的阶段了？

2008 年和 2009 年上半年整个行业受到金融危机的影响很大。企业不在于求快求大，而是在求稳，求生存。活都活不下来，谈什么发展，要活下来，要赚钱。吴江的企业是 2007 年 5 月开始投产的，深圳的公司是 1997 年建立的。吴江的企业的管理模式是深圳那边搬过来的，边搬边抄袭。

这两年都是在找客户，生存下来。与深圳那边的工厂相比的话占有一定优势，一切从零开始，可以剔除深圳那边的弊病。在不同的环境下，遇到的问题也会不同。相对来讲，吴江的企业比深圳的企业难管。吴江的工人难管，相对来说成本就较高。深圳的工厂、华南的工厂大部分是计件的，计件的工人会在老的行业内做他熟悉的东西，不会轻易去换。而吴江的工厂是计时的，计时的话浑水摸鱼的人较多。工人往那里一站，你看不到他干活，但是时间一过，你就要付钱。这样的话工人的流动率较高，对于企业来说就很被动。

① 附录中所有公司的访谈笔录均为原始访谈录音资料的忠实还原。因被访谈者的表达习惯和具体情境差异，访谈笔录中有大量的口语、俚语、病句、夸张的语气词及重复表达语句。因忠实还原访谈现场，这些情况都属于正常现象。出于研究目的和研究内容的需要，正文中表格里的“证据举例”是从相应访谈笔录中节选整理而得，故正文表格“证据举例”和附录中“访谈笔录”有时不会完全一致。后文同，不再一一注明。

产品薄利的，都是老外在赚钱。

企业应该算是八几年开始的。

1997年7月1日刚创立的时候只有13个人，他既是业务也是工程。模仿生产东西。董事长是车间里最认真的工人，也是最厉害的品质主管，是企业里最最精通的一个工程师。

1997~2005年电子业在发展，客户在发展，成本也较低。

这个公司生存很艰难，所以不去谈什么管理。生存很艰难，去税后利润率为10%，去掉废品率为7%~8%，再扣掉一些其他项目，利润率在5%左右。5%的利润在行业内利润是很低的。在这个过程最重要的是求生存。

管理上比以前已经有很高的规范性了。

成长阶段，从八几年到现在的话，应该说生存和成长都遇到很大的困难，每一年都是生存期和成长期，有生存危机。从内部管理规范性上来说，今后会有局部的调整。

1. 企业的管理结构是怎样的？（董事长、高管分管哪些方面，有多少中级管理人员，又分别负责什么）

管理层一般都是大专以上学历，本科也有好几个。（本科生一个月也就1000多块钱）

2. 各个管理层的管理者的决策权范围有哪些？

管理部、市场部、工程部、品质部、资财部、生产部6个部门。经理下面，要是部门大一点有个科长，其他都是基层员工。有些部门的经理是空缺的，由科长直接代理。财务部和人事部是总经理的太太在管。

3. 来自家族内部的人员在企业中担任的职位有哪些？有多少人来自家族内部？

进入公司的时候，受到门卫负责的询问，感觉门卫管理这一块非常严格。门卫是温州老家带过来的，算是自己人，比较放心，因为公司的仓库和车间有大量的铜材，要是遇到不负责任的人，随便弄弄就是几千块钱，这个对公司损失很大。这些保安虽然不如当地招的保安懂礼貌礼节，但是很负责很忠心。

还是不希望自己的所有时间都耗在企业里，但是还没有找到合适的职业经理人来管理企业。有些职业经理人要价特别高，有些职业经理人看不上这个舞台。光出得起钱也不一定请得到合适的人。

只能说是长辈对晚辈的要求，老板对这位总经理没有硬性指标的要求。

整个公司，门卫是老家带过来的和财务人事是家族内部人管。

4. 在企业发展过程中，企业的股份都掌握在哪些人手中？都掌握了多少股份？

老板和他大儿子掌握股份。

5. 董事会的组成情况是怎样的？（内部董事？独立董事？）

温州的企业一般董事会成员不超过7个。我们公司没有董事会。

6. 高级管理层的薪酬福利水平？薪酬的形式和构成？

在吴江请个高管大概年薪50万~60万元，因为在高管这个位置倾向于自己去做，自己一人担当数职。

中层管理人员的工资是基本工资。

只有总经理一个高层管理者。董事长在深圳。

最多表现好年终奖金多一点，其他都是基本工资。

7. 薪酬会不会与业绩挂钩？管理人员占的股权有多少？有没有通过股权来激励？

薪资水平定得高的话，大家都挤破头想进来。我们不需要那种挤破头的数一数二的人才。二三流的人才就够了。现在在吴江有些日资，欧美企业的薪资定得非常高，吃住全免，加班费比国家定得还要高。所以流动率比较高。

管理人员不是很重要，重要的是工人。

一般不会考虑股权，只会考虑利润分红给高级经理人。对于股权，顾忌的因素很多。利润分红在谈，但是以前没有做过。

在温州普遍有股权和利润分红的，但是主要是亲戚和朋友之间。

猎头公司招聘过来的职业经理人，肯定不行的。因为家族企业内本来裙带关系就比较重，家族内部的人出错，职业经理人是处理还是不处理?不处理是职业经理人失职，处理呢，给自己今后埋下不利的伏笔。而且职业经理人，老板不可能把一半的股权都给你，掌握的股权少之又少，没有真正的掌控权。认为职业经理人更愿意拿更多的钱，而不是股权。

职业经理人一般是请神容易送神难。

8. 在做关键性决策时，会从低层集思广益吗？过去有没有采用过低层的意见？采用低层意见的概率有多少？

中层管理者有基层的人事决策权，一般是人事部门提供人事信息，然后由部门选择，最终总经理还是要过目的。

200~300 的财务支出都要总经理签字的，财务这一块权力没有下放。

9. 在工作过程中，员工受到工作标准的约束吗？员工对何时做、如何做有自主权吗？有多大的自主权？（关于规范化、制度化问题）

不可能下面的人发一句牢骚就开会。一般会开每周例会。

10. 关于继承人培养问题。

第一代可能没有什么文化背景，靠的是自己的吃苦耐劳。但是发展到后来会遇到瓶颈，这个瓶颈是无法逾越的，所以很多企业家把希望寄托在第二代身上。很多第一代企业家会把子女送到国外学习，受西方思想影响，回来了将自己的想法在企业中实践，可能会克服一些瓶颈，认识一些有更好的眼光、更大的教育圈的人，慢慢培养其一些家族理念，对产品的更新认识、更新换代、自我研发等等，这些无法逾越的瓶颈在第二代身上得以解决。

大浪淘沙，不是所有的第二代都是好的，也有不好的、把企业搞砸的人。10%~20%是好的，带动企业的发展，企业的希望就在这一代。

其他：不能叫家族企业，而应该叫家庭企业。

附录3

B公司访谈笔录

请问贵公司现在处于哪个发展阶段，是企业的初创期或发展期，还是已经处于比较成熟的阶段了？

2006年在吴江建立，之前在1995年时在浙江成立。销售额在一个多亿。做了35年电梯行业。1987年时一个承包企业，1995年以后自己开公司。1995年自己申请了营业执照开的公司。1995年、1996年、1997年时销售额1000万元不到。今年的销售额在一个多亿，明年的销售额将有2～3个亿。

从浙江到吴江的转变，是内在动力还是外在动力？还是发自内心的，企业管理上的需要也是这样要求的。有没有外部压力？没有外部压力。我知道的。不管内资企业还是外资企业都是需要董事会的。人才是要请进来的。

从1997年起，少年期我不承认，应该属于青年期，明年这个时候是大小伙子。

吴江的公司是2006年9月17日的营业执照，那么这个公司在塑造的时候，要向大公司学习，所以第一个考虑的是人才问题，在人才上要请进来。像我这样已经工作35年了，读书也读得不多的，所以人才要请进来。我们公司研究生、本科生、大专生占70%以上。

到吴江来之后就在管理上发生这些改变。

公司现在最大的问题是市场。主要市场在华东地区，基本上都有。合资之后海外市场的开拓，印度市场已经成功打开，东南亚啊、阿联酋啊都在开拓，而且我们在寻求和电梯厂家的合作。

1. 企业的管理结构是怎样的？（董事长，高管分管哪些方面，有多少中级管理人员，又分别负责什么）

浙江公司是没有管委会，是我说了算。主要是我老婆的弟弟在帮我管理。大部分是放在吴江做的。

管委会下面有部长、财务部长，制造下面有生产部长、采购部长、技术部长、车间主任，车间主任和部长是一个级别的，其他都是车间副部长、班组长等。总裁主任下面有人事，总裁办权力很大，是综合性，没有细分，其他部门都是细分的。

10 月 6 号刚在淮安招了六七十个大专生，在吴江每个月招聘两三次，招是招来一些人，但是马上就跑掉了，流动率太高。吴江地区，每年缺口 8000 人。

厂区 78 亩，已经造了 50 多亩，建筑面积 3 万多平方米，员工 260 ~ 270 人。在全国有四五家分公司，有些是投资的，有些是合作的。宁波、绍兴地区是我投资的，包括工资、房子都是我投资的。

2006 年到吴江投产建厂以后，就聘请人才方面考虑得比较多，如公司的王总就是其中一位。担任常务总裁。公司的高层包括 11 人在内的管委会。除了老板和王总之外的 9 位管委会成员，明确地给的是高层管理者的头衔，包括副总、总监、制造总监、生产总监、营销总监、质量总监、财务总监、办公室总裁、总裁办主任。碰到重大的事情，要通过管委会来讨论，不是由总裁说了算，而是由管委会畅所欲言，不是一言制的，大家群策群力，董事长最终拍板。当 5∶5 的时候，就由董事长来拍板。

2. 来自家族内部的人员在企业中担任的职位有哪些？有多少人来自家族内部？

现在浙江我不管了，托人管，但是批还是我一支笔，我每周去浙江一次。定好了是周六，合同什么的都不管，托的人是我妹夫。

儿子是副董事长，国内外营销总裁，对于一个企业来说，营销很重要，一定要放到自己人手上去。

普通员工犯错和熟悉的人犯错是同样处理的，有制度的东西这种口子是不放的，一视同仁的。奖励方面是有多有少的，按照表现来的，不是熟悉的人给得多，不熟悉的人给得少。我是对自己人最严格的，假如你是我的外甥，我对你特别严。这种严也是一种特殊对待，希望你上去。因为是自己人，希望你上去，希望你成才。

我妹妹、妹夫、外甥、外甥的爱人都在我公司里。希望他们靠能力上去。

财务之类的二把手都是招聘过来的，不是自己家里的人。高层管理里我和我儿子、大外甥是自己家族里的人，其他都是。妹妹、妹夫都是工人、车间主任，不属于管理层。待遇根据规定来。七八个家里的亲戚在基层工作。

3. 在企业发展过程中，企业的股份都掌握在哪些人手中？都掌握了多少股份？

吴江的公司是中外合资的，中方是老板自己占75%的股份，外方是老板的儿子，占25%的股份。其实是家族企业，在程序上是中外合资企业。

1995年的公司是自己占100%湖州建立的公司。2006年在吴江建立的公司是老板75%儿子25%中外合资的。

以前没有二把手的。以后二把手股份永远没有的。

王总在我公司工作得很开心，王总是属猪的51岁，今年我是55岁，还有一个董事长高级助理是52岁，跟我再合作10年就可以退休了。然后让我儿子、我外甥上来。我有一个儿子、三个外甥，一个外甥现在是副总裁，管技术。有没有可能从社会上招募一些像王总这样的人？我也想过，考虑过一个香港人，但是我们现在的团队还可以。年薪300万元请过来，但是我在管委会上说过，很多人都说不需要，所以还在考虑。不愿意通过股权和利润分红来绑住他，希望通过多加点钱来绑住他们。

以前股权合作过，我占51%，但是好不容易分开来的，不想再走向合作，我自己性格跟别人不一样，恐怕合作不好，主要是上层的员工想法很多。他们上面老板太多。

4. 高级管理层的薪酬福利水平？有没有股权激励？

员工流动率是现在的一个大问题。员工流动率是基层的员工流动率比较高。像我们是特种技能的行业，学个两年就走掉，其实很可惜。像我们的工人，一年加三四次工资。满了 3 个月加一次，半年加一次，满一年加工资，还有人走掉。两年以后的工人月薪 3000 多元。

有些人不考虑公司的环境等因素，有些多一包方便面的钱都要走掉。

没有利润分红，有工资、奖金。

浙江派来的老员工工资高一点，只是工资高一些，没有利润分红。

以前 1997 年那时比较稳定，没有双休日的，搞的计件的。

但是吴江这个是新品牌，业务不稳定，像去年金融危机，不稳定，给职工搞计件的话，要给他东西做的。像我们在做 6 个人，每天能做 1 台电梯的话，一个月能做二十几台电梯。那么总共只有 10 台电梯，那么工资去哪里拿呢？所以不搞计件。现在是每天 8 个小时，平时一般晚上加班 3 个小时，周末加班双工资，节假日加班三倍工资，按照国家标准来，打算在明年 4 月以后搞计件。搞计件呢，可以让员工多拿一点。当量达不到的时候，对员工不利。

对于高层员工来说，没有利润分享。在 1987 年的时候一开始是 4 个老板拼的，慢慢地后来变成我一个人的。合作的话管理上有问题。最初合伙的。合伙的话比起一个人管理，扯皮的多，不愿意 3 个人养头牛，愿意一个人养条狗。

年薪制是有个最终的绩效考核目标，还是说年薪的然后按月薪发放。我聘请的人大多是熟悉的人，双方愿意的，我们就谈到一起的。有一部分呢，聘请的是不熟悉的人，年薪是谈出来的。都是双方愿意的。这种不熟悉的都是含税的，每个月发放的。年薪谈好了，按照 14 个月发放。

1997 年到现在一直都是这样的工资结构。接下来要考试实行绩效考核。

5. 薪酬会不会与业绩挂钩？管理人员占的股权有多少？有没有通过股权来激励？

随着企业的一步步壮大，涉及的人力越来越多，涉及的工作也越来越多。在工作当中造成的这种差错也会有。对于设定的目标的完成，有的时候是超额完成，有的时候没有达到目标。一般来说接下来我们要做的绩效管理，设定目标，根据每个不同的目标设定不同的分值。超额完成的话，收入在你的年薪之上，如果没有完成的话，要检讨原因。举个例子来说，销售。销售我们现在主要考核的是订单，但是光考核订单是不够的。你作为一个优秀的销售管理人员来说，你市场要扩大，客户关系要维护好。还有一个我们的网络要健全。能够连续不断地进行产出。不希望在一个地方，今年产量很高，明年却没有了。也许我们绩效管理没有这个方面的话，销售人员在一个地方做出业绩以后呢，确保我今年有这么多收入，明年我就不管了。但是这对于企业来说是不利的。我们要逐步地在这方面进行改善。在其他岗位也要试着这么做。

相对来说还是一个比较传统、朴素的概念，忠心耿耿，老板信任我们，我们也忠心耿耿地去做。随着企业逐步的发展，这种观念我们要逐步地去打破，防范一个岗位，有了这个人，这个人出错，整个团队就出错。他离开了，整个团队没有方向。我们要营造一种氛围，你在这个岗位就要具备这么些素质，只要达到这个要求的任何人都能胜任这个工作。这样同时保持了原来传统的，朴素的人性化的原则，而且有了科学人才管理。这样的话两制结合起来。忠诚和能力的结合。

6. 在做关键性决策时，会从低层集思广益吗？过去有没有采用过低层的意见？采用低层意见的概率有多少？

如果在开会的时候大家提一些意见，而这些意见不大符合董事长的想法，有 7 个人都赞同这种意见，而董事长却不是怎么赞同这种意见的时候，最终还是采取董事长的意见。对于这种情况要看情况，去年年底的时候就碰到这种情况。关于一个项目，牵涉到垫资拿房子的，很多人不同意，管委会都不同意。结果后来董事长还是决定用这个项目，因为董事长觉得项目也不大，不到500万元，所以最终拍板下来还是要这个项目。去年年底的时候，房地产不是很乐观，项目涉及电梯，电梯完全是以货贸易，在早些年的话，还存在这种情况，现在一般是现金交易的，或者以合同约定的方式。对于这个项目纯粹是以房子作为抵押的，这种方式我们也是第一次遇到，后来公司就是通过管委会这种方式，把做这个项目的重要性和可操作性，还有一个忠告的是对市场的前瞻，到底中国的房地产会不会受到这种影响（金融危机），大家畅所欲言。作为管理层表决的话，应该是少数人服从大多数人，董事长看好中国的经济，认为这种方式可能会给我们带来一种新的契机，因为早几年，中国电梯也有许多厂家来做抵押的这种形式，通过这种形式带来了电梯事业的发展。我们认为当时的情况是一种新的局面的发展。最终董事长拍板决定我们还是来做这个项目。当然这个风险评估我们已经做过了。怎么来更好地在风险划分的情况下将这种可见的风险降低，当时管委会大部分是反对的，但是从目前来看，当时的决定是正确的。

在1997年到2007年间没有民主讨论的这种方式。

公司财务报销上的问题，钱都是董事长管的，1块钱也要管。

合同方面的话，我有个顾问。

人事上找人的话，基层不用过目了，高层肯定要。首先根据部门的需要，提出申请，有人事部看是否真的需要。然后看看内部有没有合适的人，优先从内部提拔。内部没有合适人的话，就从外部招募，首先是有一个人才的简历面试，通过主管的复核及人事部门的人事审核，确认好之后再确认薪资。如果薪资超出我们的预期的，如果这个人的确是我们需要的，我们会提高薪资水平，一般我们都能协调好。招人的方案制定由董事长确认，怎么招，招什么人就不怎么过问了。王总作为二把手权力不大。大部分我控制。没有办法，每个人想法不一样，我喜欢简简单单的方式。

7. 在工作过程中，员工受到工作标准的约束吗？员工对何时做、如何做有自主权吗？有多大的自主权？（关于规范化、制度化问题）

公司在管理规范性上还是不够。碰到问题很多。扯皮的很多。管理的力度不够，太讲究人性化。看到员工屡次犯同样的错误，就是下不了手。公司又没有制度规定，员工犯了什么错误受到什么惩罚。员工迟到了，下不了手。以前量比较少，体现不出来。

附录 4

C 公司访谈笔录

请问贵公司现在处于哪个发展阶段，是企业的初创期或发展期，还是已经处于比较成熟的阶段了？

我们这个公司有可能做到百年企业，当然我们现在也不存在交不交班的问题，我们公司现在还处于创业初期。

我们公司属于壮年，在起步阶段。

1. 企业的管理结构是怎样的？（董事长，高管分管哪些方面，有多少中级管理人员，又分别负责什么）

我们下面也有十多家公司，与他们采取合作方式。

我们这个主题公司的股东就我们兄妹三人，像另外的一些项目公司，那可以请其他人一起来合作。我们自己能做的就尽量自己做，做不了的就会寻找合伙人。

现在，我觉得自己找到了很好的模式，能自己做的就独资，不合作；我参与的项目我基本上就不控制，就是为了获取现金收益。这种模式是从两三年前，也就是 2005 年、2006 年开始的。

各个分公司是独立的法人，所以这里是一个虚拟的总部。常规的部门分公司都有，总部就没什么，就是管投资管企划。让财务等一些部门独立出来，但是受我们所控。

2. 各个管理层的管理者的决策权范围有哪些？

职业经理人职位的权力的自由度也不大，因为权限相分离，比如说财务这全部由集团公司来控制。而对于各分公司的老总，5000 块以内可以授权签字批准，5000 块以上则要经过公司总部财务总监审核批准然后再报销。各分公司的总经理对于下属则无权授权。

财务总监的权力还是比较大的。

我们也曾经授权，结果发现权力下放以后有很多问题。公司从成立到现在，人事权其实在收紧，我觉得人事权这方面要控制好，对于公司而言还是安全第一、稳定第一。

3. 来自家族内部的人员在企业中担任的职位有哪些？有多少人来自家族内部？

（家族之外，能力卓越又可以信赖的人）很少。我认为，没有监督，再好的人最后也会变化。

平时讲能力弱的人也养着，养起来也相当于承担了家族的社会责任，那你碰到困难时，整个家族也会全力支持你。稳定性、效率家族企业比较好，但是家族企业也要吸引外来人才。家族企业和现代企业制度以后肯定是并存的。

3a. 作为家族企业，如果有家族内部成员想进入企业服务，企业会提供这种机会吗？举一例说说。（关于家族成员在企业内任职的例子）

能够进来的人，亲属进入我公司的太多了。

应该说会给予他们更多的机会。他们对公司会比较忠诚，但是能力方面就各有千秋了，“用人所长”，而且用他们，我也是很放心的。

3b. 来自家族内部的员工多吗？大概有多少？比例如何？家族成员在企业内任职主要涉及哪些岗位？这些岗位中哪些属于重要岗位？

亲属朋友都安排，但是担任什么职位，就看能力问题了，没用的人也不会让他们担任高职位，让他们担任一些闲职，比如保安，起到养家的作用。

4. 在企业发展过程中，企业的股份都掌握在哪些人手中，都掌握了多少股份？（创业者、高层管理人员、中层管理人员、基层管理人员和投资机构）

我们是一个以我为主的家族企业。我占有90%的股份，弟弟、妹妹分别占有5%。

但是我们还是觉得，我们家族，我们兄妹三个还是很稳定的。我觉得稳定性很重要，所以我们这个母体公司，我是不希望有外人进来的。作为最顶层的公司，我认为还是别人不进来好。这是我的观点。我这个最顶层的公司还是家族企业，最稳定了。

4a. 企业的高层管理者拥有公司的股份吗？能简单介绍公司的股份分配吗？

所以现在回过头来看，我们核心企业就是要成为家族企业，职业经理人是没有股份的，原则上也不允许他们参股。如果要股份，这个职业经理人我宁可不要，自己再找一个。

5. 高级管理层的薪酬福利水平？薪酬的形式和构成？

我认为职业经理人，你付出，然后得到相应的报酬就差不多了，你不能指望每年几千万的利润分成，虽然也有可能，那是完全利用你自身的智慧，比如IT产业。而我们松江这个项目，初期投入资金不多，很大程度上依赖于智力管理投入，这就应该利润分成。但是在资金密集型产业，完全依赖资金，那职业经理团队分百分之一二十的利润显然是不合理也是不可能的。而且，如果分给职业经理人太多的钱，他有可能自己就走掉了。

我们公司是以房产公司为主，以房产公司为例，管理者薪资构成是基本年薪加激励。基本薪酬水平要高于所在地区的平均收入水平。

6. 薪酬会不会与业绩挂钩？管理人员占的股权有多少？有没有通过股权来激励？

例如我们上海的一个项目，我们承诺给职业经理团队20%的利润分成，薪资结构就是年薪加奖励。股权不要弄那么复杂，利润分红可以，但绝对不会（让他们）分股参股。

激励完全与销售业绩挂钩。

最早时只有固定薪资，最近三四年才有激励薪资。

6a. 公司在做薪酬时，会与业绩挂钩吗？哪些层面或者职位的员工收入与其绩效紧密联系在一起？

第二就是激励，对于以智力投入为主的职业经理团队，会有5‰的营业收入作为奖励，起到锦上添花的作用。

高管的激励性薪资比较多，可以拿到1‰的营业额奖励，加上任务奖励。基层员工也有一定的激励工资。

6b. 股权会不用来激励业绩突出的管理人员，如果会，一般会用多少股权作为激励？

虽然职业经理人没有股份，但是我会给他其他相应的激励机制。没有股份，他们就没有最终的话语权，一旦职业经理人有了话语权之后，对股东来说容易造成极大的损害，这是我的看法。

7. 在做关键性决策时，会从低层集思广益吗？过去有没有采用过低层的意见？采用低层意见的概率有多少？

在开会或做出决策时肯定要听下属的意见，为什么呢，因为大家的目标是一致的，都是希望企业好一点，而且我相信他们的意见也都是善意的。

当极少人同意我的意见时，我肯定听从我自己的意见。即使没人支持我的意见，我也相信自己，他们的意见我只会参考。我们公司开会我经常强调，大家要畅所欲言，为公司做贡献，但是采不采纳是我的事情。我认为正确的会坚持，当然我认为大家都是非常理智的，意见不同只是由于考虑角度和层面不同，可以有不同的意见，而且我也是这样要求下面的公司老总的。

没有，我觉得企业越成功，听取下属意见越多，因为我认为绝大多数都是善意的。可是听和采纳是两回事，听肯定要听，采纳就比较复杂了。我相信成功的企业家一定要有自己的主见，没有主见的话肯定不会成功。现在和原来相比，这种决策方式上基本上没有什么变化。我觉得一个人的性格是随着自己的年龄增长而更加顽固的，我想将来也不会有多大变化。

8. 在人事聘用上，如果是聘用一位中层管理者，一般要经过几轮面试，最终如何决定是否聘用？

而至于人才招聘方面，中层以上员工的录用与否、去留等全部由我个人来决定，分公司经理无权开除他们。

例如成都集团公司下面就有六七家分公司，很多事情不能一一控制，但是所有中层以上员工的聘用、解聘等问题，全要经我同意。

9. 在工作过程中，员工受到工作标准的约束吗？员工对何时做、如何做有自主权吗？有多大的自主权？（关于规范化、制度化问题）

这个制度本身不好，加上中国外在环境的不完善，一个好人最后也会学坏的。我首先要把这个体制设计好。制度不好，完全相信某个人，这很危险。能相信一种体制，但不能相信一个人，一个人肯定不可信，这是我的看法。

规范化管理，我们还做得远远不够，也在不断完善中。

公司现在就有各项规章制度。

9a. 公司给员工制定有严格的工作指标吗？能简单地描述基层员工的工作标准吗？（可以举一个工种做说明吗？）

一般来说，他们（员工）会按程序办事，但是不按程序的也有，最后公司也会付出代价的。（将公司非常严格地贯彻执行起来，员工完全按程序办事）这是我们公司努力的目标，因为公司庞大了，为了很好地控制，只能这样。同 1997 年相比，按流程办事方面在不断进步提高。

现在是人才难求，都是老板求员工的，好的员工老板肯定喜欢，不好的员工还将就，只要不违反大的错误，就不会开除，只要不是出卖公司利益等大的错误，一般的错误都会容忍。一旦违反制度马上开除，我觉得不大可能。

10. 关于继承人培养问题。

小孩，现在我已经送他到美国读书去了，小孩子我肯定要这样做，不一定到我企业来，但是公司的顶端肯定给他，他也不一定做我这个行业，可以让他做股东，做自己喜欢的行业，我也不可能勉强他。

10a. 对于继承人的选择和培养有哪些想法？

那这个如果他愿意做（将所有权和经营权分离），我会交给他一个公司让他打理，按照自己的意愿和模式，但是不会按他的模式在其他公司都运用。我还是认为所有权和经营权分离，对我们家族企业还是对的。

10b. 最近有报道吴江富三代断指来表示不愿意继承企业，如果继承人不愿意继承企业，会如何处理？

但是就将公司交给下一代这个问题，我是觉得应该简单些，让孩子做自己喜欢做的事情，或者交给他一个子公司，让他去弄，我们公司可能发展到差不多了，也会让它顺其自然了。把自己所有的公司强加给孩子，这肯定是不对的，孩子的幸福感就完全丧失了。“子承父业”这种观念是落伍的，我们和孩子都是受过高等教育的，大家观念都比较开通。

附录 5

D 公司访谈笔录

请您简单介绍公司的发展轨迹？

我们公司是 2004 年成立的，成立之后，我们通过收购的形式，收购了上海恒通电缆厂，将旧的电缆厂品牌整合。统一叫永进电缆有限公司。2008 年企业发展有很多很多的产业项目要做。（那 2008 年算你们企业飞跃的一个点吗？）具体的话，2008 年不算，要算的话是 2009 年或 2010 年，现在这个时间。2009 年从结构上将公司变成永进电缆有限公司，分为几大块，这是我们 2009 年对企业结构的一个调整。2010 年呢，我们是具体实施这个阶段，每个产品啊，在 2010 年具体操作起来。

请问贵公司现在处于哪个发展阶段，是企业的初创期或发展期，还是已经处于比较成熟的阶段了？

我们公司还是民营企业的很小很年轻的一个小孩。

将我们的企业比作人的一生中的某个阶段的话，我觉得是小学生。虽然我们公司的产值已经超过 10 亿元，但是我们的企业还是很年轻，这个和产值没有关系，有的企业做到 80 亿元的产值，不能说我们企业是 10 岁的小孩，他们是 80 岁的老头。有些企业经历了三四十年，到现在产值只有三四个亿的也有，我们的行业特性决定的，我们的产值可能比较大，但是我们的利润率比较低。我们做 10 个亿，可能不如有些做咨询服务的做 1 个亿。他们做咨询的可能 1 个亿有 8000 万元的利润。我们做 10 个亿可能只有 5000 万元的利润。这是不同的，因为我们的原材料决定我们的利润比较低。

1. 企业的管理结构是怎样的？（董事长，高管分管哪些方面，手下有多少中级管理人员，又分别负责什么）

2004年公司成立，是你们几个兄弟一起出资，还是您一个人？

这个厂我来介绍一下，首先董事长是我父亲，然后我们家是两兄弟，我弟弟也在这个厂，他是副总，款项呢肯定是家里出的，我那时候也是大学刚毕业，其实第一桶金是我父亲挖的。

那您和您弟弟的主要分工是怎样？

我负责销售，对外的事情；我弟弟主抓内部和谐，技术啊、生产管理啊、原料采购啊。

2. 各个管理层的管理者的决策权范围有哪些？

像您是主要负责销售的，那您感觉你们公司2004～2008年管理上有没有一个逐步完善的过程？

那是肯定啦，那是年年完善，天天完善。每一天有一些进步。同时每一天也发现原来做的事情是不对的、不恰当的。随着社会的改变、人员素质的改变、产品的改变或者是行业形势的改变，包括金融危机带来的影响，那时时刻刻都在改变。我们这个民营企业，最大的优点就在于它的机制灵活，它的转向比较快，而且它的决策比较快。民营企业我觉得只要有那么一两个真心实意的，或者有能力去做事情的人带领，企业就不会走下坡路。但有些创新思维，深化管理，那它的发展速度肯定要比别人快。反过来讲，领导者不具备这样的能力，或者是碌碌无为的话，不适应时代发展，下降的话也是很快的。这就是有些人说的有些富二代，不好好学习啊，不好好工作啊，吃老本。这就是不进则退，你每天在走路，别人在跑，那你就在落后。

3. 来自家族内部的人员在企业中担任的职位有哪些？有多少人来自家族内部？

很多人认为民营企业一定要家里人来管理，也不能说不让家里人来管，这也不现实。其实只要他有能力，这7个人都可以是家里人，只要他没有能力，除了董事长是股权所有者，其他经理都可以换外面的人。一定要凭能力去做事情。我这个人想法是什么呢，不要让很多人觉得现在的民营企业存在一个误区，觉得办法很土，形式很简单、股权结构很单一，就一定是民营企业。一定是落后的，不是现代化的。这些是不影响你企业发展的，这些不是决定性因素。决定性因素是人，这个人可以是两兄弟，现在有的企业比如说当当网还是联合总裁，按照中国老话讲就是夫妻店。这就是他们夫妻二人具备这样的能力和协调性。比较看重领导者的才能，敬业程度和对市场的理解程度。

还有四五个家庭内部的人在企业里，算是中层干部，也有在基层的。在薪资待遇上，家庭内部的人和外面聘请的人差不多，还是以能力看人。甚至说中层干部里面，家庭内部的人比外面聘请的人薪资要低。因为家庭内部的人学历可能没有外面的人高，其实还是和我们的薪资规范有关。但是从效果上讲，还是这些亲戚忠心，做事效果好。他们尽心程度高。外面聘请的人在老板面前肯定忠心，但是在你看不到的地方，他们可能在偷懒。对于家里人，我们比较放心。

4. 在企业发展过程中，企业的股份都掌握在哪些人手中？都掌握了多少股份？

您这个企业，是您父亲创的，那从2004年到现在，你们父子3人有没有一个明确的股权分配呢？

没有。还是归我父亲所有，从形式意义上我们还是受聘的，给父亲打工。

5. 董事会的组成情况是怎样的？（内部董事？独立董事？）

那像您刚才说的，民营企业决策比较快，我们公司有董事会，我们董事会有7个人，董事长加6个副总，其中包括我和我弟弟，还有技术、生产、财务和行政，这4个副总我们是从外部聘请的。

2004年管理很简单，股权变更，设备更新，基本上没有生产阶段。2004年主要我在管。我一直冲在前面，2006～2007年有其他人逐步进入，2006年、2007年我弟弟大学毕业，加入进来，2008年有了一个7个人的董事会，这个董事会的人也变更过，流动性比较大。

6. 高管和普通员工薪酬构成上有什么不同？

股权分配现在是肯定没有的，将来会有。为什么没有呢，企业还没有到这个阶段。我们企业提出至少5年，要去把这个企业上市。并不是说上市要圈多少钱，上市我认为有几点好，第一呢，就是稳定人员，有些高管啊，有些大学生啊做得好，3年5年下来，给予股权才能真正地留下来，为企业服务。第二，上市可以融资，把企业做得更大。第三，上市同时也更加规范，阳光化了，内部之间的暗箱操作没有了，这样企业更健康，就像人定期做检查一样。

待公司发展5年10年后，公司会分股权给做得好的高管，作为一种激励。将来我们的目标就是留足50%的股权就OK了。控制权在自己手里，其他都可以放。

7. 高级管理层的薪酬福利水平？薪酬的形式和构成？薪酬会不会与业绩挂钩？管理人员占的股权有多少，有没有通过股权来激励？

我们普通员工的工资是计时加计件的。计时指的是，像一个企业，遇到金融风暴了，如果全靠计时的话，他就失业了，一个月只干两天的活。我们一个月有保底的底薪，活多的话，可能超过底薪的2倍3倍，如果活少的话吗，哪怕你早上8点来，晚上5点走，就拖拖地，我也给你底薪。

做满一年发13个月工资，做满两年发14个月工资，比如销售上，给他业绩的百分之多少，作为第三年的一个提成比例，对于中层和高层的激励就是给红包。做得好就给，做得不好就不给，虽然办法很土，但是很有效。这个尤其是行政人事，无从数据考核，销售是可以考核的。

员工流动率比较大，做得好的做了四五年，做得短的两三个月就走了。

8. 在做关键性决策时，会从低层集思广益吗？过去有没有采用过低层的意见？采用低层意见的概率有多少？

根据财务制度呢，一般企业里只有一支笔，即使是1分钱也好，但是我们现在企业是3支笔。就是3个人都有权签这个钱。比如说我销售上，肯定是我要签，比如说供应商，肯定是我弟弟签，行政等其他工资上的肯定是我父亲要签。为什么说3支笔呢，有的企业是5支笔，比如1万块以下的，每个部门经理都要给他这个权力，有的比如是2万元以上的，由副总签，实际上这种情况呢，除非是特别特别大的企业，必然有财权，没有财权等于没有实权。但是对于民营企业来说呢，大部分民营企业是一支笔，只要涉及钱的人，财务总监直接向董事长负责，这是很大部分民营企业必需要做到的。包括我们这样的企业，以后也可能变成一支笔。但这一支笔可能是5支笔，就是将来永进集团要拆分成5个公司，每个公司一支笔。比如说我这个公司的老总，我就签这个公司的钱。但是从财务制度的意义上来说，一个治理结构，一个管理框架内只有一支笔，就对这一块负责。如果这5家公司都混在一起，找一个领导签，一天签到晚，累死了。签了也是白签，其实他并不知道销售上的事情，他也并不知道供应商方面的事情。所以说我们公司现在分成3支笔。

当决策时出现分歧，第一肯定是据理力争。你觉得你的决策是有道理的，就把道理讲给大家听，灌输给大家，但是也有不理解你的人，当大家实在理解不了你的话，最后还是董事长说了算。

聘请一个人员的话，首先是部门，由人事专员招聘，人事部考核，部门经理考核，副总签署意见，总经理审批。不管是基层还是高层，至少要到副总这个环节。

首先以谈话形式考核中高层，四五次谈话，再去现场看看，听不到下面人的中高层的评价。董事离职一般是厂里提出来的，如果人真的比较好，厂里不会让他走的。

9. 在工作过程中，员工受到工作标准的约束吗？员工对何时做、如何做有自主权吗？有多大的自主权？（关于规范化、制度化问题）

会从下面收集员工的意见和建议，但是效果不好。民主是决策的依据，但是不能左右你的决定，我们会作为考虑，占20%～30%。员工也会把意见投在意见箱里，说某某偷材料什么的，的确这对我们是好的，我们看不到底下的人偷东西。他们只能提一些细节，比较小的地方。战略方向，本身有平时的调度会。

10. 关于继承人培养问题。

首先要从下一代中选，但是他具不具备这种能力，如果他不具备能力，那就从外面聘请。如果下一代他喜欢去做别的事情，那理所应当让他去做别的事情。他喜欢做什么就做什么。但是我们的公司还是要发展的。公司发展到后来的阶段就不是靠某一个人，他几十年形成一个积淀。在中国现阶段，企业文化固然要塑造，但是比较难，拿我们的企业来说，大部分人，就拿刚才我开会的20个人来说，你可以找出20个省份，同时这20个人，男女老少，结婚的，生子的，包括没买房的，都有的。中国现阶段，只要说他觉得有好的发展方向或者好的地区，他肯定要跳槽的。往往人员流动大了，对这个企业的文化积淀很难，肯定有一个推翻的过程。但是一定要去塑造这个企业文化。但你塑造也要有个积淀的过程，像中国希望啊，这个兄弟包括温州这几个企业至少都要20年的过程。真正的企业管理制度上的，一般都20年差不多，像浙江的万象啊。

对于人员的责任心的培养不够，在问责的时候可以找很多理由来搪塞。企业各个环节衔接上不够。

附录 6

E 公司访谈笔录

请问贵公司现在处于哪个发展阶段，是企业的初创期或发展期，还是已经处于比较成熟的阶段了？

我们公司属于幼儿期，在起步阶段。

1. 企业的管理结构是怎样的？（董事长，高管分管哪些方面，有多少中级管理人员，又分别负责什么）

我们是到上海才开展这个业务的，原来在九江和政府合作，做一些大型会展中心、宾馆之类的。公司是 2003 年的时候我妈和同行业的朋友一起在上海创立的，2005 年我们自己成立了公司，我们在外地（江西九江）也有一家分公司，也是做钢材贸易的，原来是一个朋友邀请一起弄的，现在不是合伙人的关系，现在是我家自己在做。

我们属于传统型企业，等于职能型企业这种管理结构。我下面还有一个人帮我一起管理，他是副总，他下面就是各个部门，财务、采购、业务。

我们现在管理上是以客户为单位来进行管理，但是我觉得这个方法不好，因为如果人员流动性太大的话我们会失去客户，公司的风险比较高，我更赞成的是以团队的形式，团队中每个人都参与，管理小组的人拿总提成，我现在还没有运用，因为现在客户自己很困难，没有资金，等后期经济恢复了，我就会多招点人，把小组做起来。

2. 各个管理层的管理者的决策权范围有哪些？

我们的管理层是这样的，这边的话很多东西我来制定，我直接管理的比较多，虽然他们有些事不和我说，但是我会去问。

对上海来说，毕竟我们的根不在这个地方，所以我会做一些能做的事情，现在公司对外的一些文字的东西都是我在做。

出纳这个钱是我手上管的，具体的做账是财务部做的，做完之后反馈给我，我来看报表。我们的财务问题比较大：财务只是一个财务，他没有办法做管理的工作，他满足不了公司继续往前走的需要，我们没有人事部，其他的部门带着做人事，招人的话我聊得比较多，其实我一直让下面的人做这个工作，但是他们不愿意做，他们会这样，说这个人有这个问题那个问题，要显示出他们有发现问题的能力。其实我一直有意识地让他们去做这个事情的，其他就是做业务的了，业务是最多的。

副总权力也很大的，其实我们很放权的。

3. 来自家族内部的人员在企业中担任的职位有哪些？有多少人来自家族内部？

九江那边分公司是去年成立的，我妈是董事长，一个副总，没有总经理，不是家庭内部的人。

副总是我一个哥们，他来的时候就说不要钱，纯粹来帮忙的，现在我一个月就给他3000块钱，今年我想把他加到股东里去，可以这样说，他属于我们家族企业半个成员。九江那边的副总也是我哥们。

3a. 作为家族企业，如果有家族内部成员想进入企业服务，企业会提供这种机会吗？举一例说说。（关于家族成员在企业内任职的例子）

家庭内部就2个人，我爸是作家，不参与我们的企业。

我男朋友现在在我这边做，他做事很低调，他是做业务的，做得很好，我以后准备把这边的事情都给他做，自己去做其他的行业。

3b. 来自家族内部的员工多吗？大概有多少？比例如何？家族成员在企业内任职主要涉及哪些岗位？这些岗位中哪些属于重要岗位？

家庭内部就2个人，我和我妈，我妈是董事长，负责九江那边，上海这边主要是我负责。

4. 在企业发展过程中，企业的股份都掌握在哪些人手中？都掌握了多

少股份？（创业者、高层管理人员、中层管理人员、基层管理人员和投资机构）

现在的股东是我和我妈，我妈占60%，我占40%，实际上公司的钱我还是没什么支配权力。我们也考虑给其他人一些分红，但是有些业务员，不是说你给他一些分红，他就会认真做事，他宁愿把这个钱分到自己手上，更愿意拿现金、拿提成。他会觉得你们账上会不会做手脚啊，多数业务员的话都没有太长远的考虑，后来我觉得效果也未必好，反正怎么利于公司的发展就怎么弄。

九江那边的模式和这边是一样的，九江那边董事一共3个人，我妈还有2个外面的人。在九江那边我们有董事会的，但是不会去开会，因为我们有些董事是不能拿出来说的那些人（比如政府部门的一些人），我们董事的聚会是不定期的，有事情的话就见见面，重要的事情还是董事一起决定的。

4a. 企业的高层管理者拥有公司的股份吗？能简单介绍公司的股份分配吗？

副总是我一个哥们，今年我想把他加到股东里去，可以这样说，他属于我们家族企业半个成员。

九江那边的副总也是我哥们，我估计今年下半年也会给他加到股东里面去，但是他的工资应该会比普通业务员低点，但是他可以自己去招人（5个以内）做业务，他从中提成，然后我再给他分红。

5. 高级管理层的薪酬福利水平？薪酬的形式和构成？

我们的员工薪资构成是这样的，比如物资部长，他们从原来的企业退下来的，我们要给他们一些保有工资，但是不会很高，一般是比原来高一点，但是年底根据公司的运营情况分红；财务的工资是按照行业的工资给的，是固定工资；业务员是底薪加提成，底薪1000多元，包吃包住，在行业里还可以的，业务员年底也有红包，如果他肯干的话，红包会很厚。

6. 薪酬会不会与业绩挂钩？管理人员占的股权有多少？有没有通过股权来激励？

业务员是底薪加提成，底薪1000多元，包吃包住，在行业里还可以的，业务员年底也有红包，如果他肯干的话，红包会很厚。

财务的工资是按照行业的工资给的，是固定工资。

6a. 公司在做薪酬时，会与业绩挂钩吗？哪些层面或者职位的员工收入与其绩效紧密联系在一起？

业务员的工资与业绩挂钩，业务员是底薪加提成，底薪1000多元，包吃包住，在行业里还可以的，业务员年底也有红包，如果他肯干的话，红包会很厚。

6b. 股权会不会用来激励业绩突出的管理人员，如果会，一般会用多少股权作为激励？

我们后期准备拿出20%的股份分给业务经理。我们现在不在乎钱多钱少，关键还是得把公司做起来，大宗贸易的营业额会很大，而且各个环节出现的问题比较多，如果你找一个职业经理人来弄的话，要是管理没到位，风险会很大，利润会不能承担这个风险的，所以我觉得这样做是有一定道理的。

7. 在做关键性决策时，会从低层集思广益吗？过去有没有采用过低层的意见？采用低层意见的概率有多少？

我们其实很民主的，在做决策的时候会听下面人的意见，开会大家就过来，还有的人不愿意过来呢，在管理者风格上面，我妈属于比较权威式的，我个人比较强势，但是我觉得既然大家在一起做事，有商有量会比较好，大家都出一份力的话，这个决策会比较正确点，但是也出过不正确的决策，就是开会，我和我妈的决定是一个礼拜开三次会，大家把事情碰一碰，周五总结会，周一早上把每个礼拜的事情沟通一下，中间再开个会，但是最后实际上一个礼拜能开一次会就不错了，大家都不愿意开会，觉得很多都是废话。

8. 在人事聘用上，如果是聘用一位中层管理者，一般要经过几轮面试？最终如何决定是否聘用？

人的话我聊得比较多，其实我一直让下面的人做这个工作，但是他们不愿意做，他们会这样，说这个人有这个问题那个问题，要显示出他们有发现问题的能力。其实我一直有意识地让他们去做这个事情的。

9. 在工作过程中，员工受到工作标准的约束吗？员工对何时做、如何做有自主权吗？有多大的自主权？（关于规范化、制度化问题）

我们公司的制度还是比较规范的，我写了一本，然后发给副总每人一本。

其实现在管理我也有很多失控的地方，因为现在我年龄比较小，公司很多人年龄很大，如果他们做错了事情，我不能马上去扣你钱，要是这样的话，最后人全走光了。他们的自主性还是蛮高的，以我现在的年龄我还是镇不住他们。现在我想了一个办法，公司有几个资格老的，有什么问题我就去和他们做沟通，然后他们再去和底下的人说，我就不直接去说了。我不想扣他们钱，不能让他们吃饭都成问题，就是说如果流程有不相符合的地方，你们就和我来说，我去帮你解决，别闷着就行。

9a. 公司给员工制定有严格的工作指标吗？能简单地描述基层员工的工作标准吗？（可以举一个工种做说明吗？）

监督机制的话主要是副总在做，然后他再和我沟通，现在我和副总达成的协议是公司做两套账，手工的和电脑的，然后我们每天下午看账对不对，很多具体的事情我们亲自都在监控，要不然的话出纰漏的情况会蛮多的，你写流程出来也没什么用，扣钱也没什么用。

10. 关于继承人培养问题。

对于下一代的话，这个问题要看个人的特性，不是谁都能做得了的，也不是谁都能忍得了的，要是我的下一代没这个方面的兴趣，或者能力上有欠缺，我不会让他继续做这个，因为我觉得人的兴趣是没法培养的。

10a. 对于继承人的选择和培养有哪些想法？

对于这个问题的话，不过也不一定，因为每个阶段是不一样，如果公司以后做大做强了，你肯定是不愿意看到这个高楼大厦倒塌的，交给别人的话你不会放心，特别是在中国，诚信体制没有建立，不像国外，所以我说不一定，但是以公司现在的状况我是不会勉强下一代的，以后的话就不一定了，可能的话我会拿出钱让孩子做一个微型的公司，培养一下。

附录 7

F 公司访谈笔录

问：我想问一下台湾人过来的薪水制度，是给股份还是？

财务周副总：是薪水，没有股份的。我们公司目前为止还没有股份的。(有没有股权分配?）没有的。

问：财务上多少钱要姚总签字？

财务周副总：财务不管大小都是姚总签字。

问：讲点创业的过程吧，哪年开始的？做些什么事？

财务周副总：2001 年开始的，2 月，十几个人，我当时是兼职，算半个人，业余时间来一下，持续了半年，我又离开了半年，2002 年的时候正式加入。开始的时候厂房是租的，十几个工人，产值也不多，第一年 700 万元。2001 年 10 月买了 10 亩地，建了厂房，这里才有了自己的厂房，本来是租的，这是老厂房。2 月到 10 月 8 个月。2002 年产值马上上升到 4000 万元，人员也慢慢增多，管理人员也多了，有需求就去聘请。我也是 2002 年 2 月正式加盟这家公司。2003 年发展到 6000 万元，2004 年发展到 8000 万元，2005 年以后就一步步上来。搬到这里，这是 75 亩地，是 2007 年 1 月 1 号搬进来的，然后 2008 年产值超过 2 亿元，2009 年稍微差一点，因为碰上金融危机，产值 1.18 亿元，今年应该是 2.6 个亿，到现在是 1.3 亿元。

问：你们开始创业到现在都是做代工吗？

财务周副总：一直都是代工，15% 是我们自己的品牌。我们全部都出口。

问：什么时候聘请的台湾的人？

财务周副总：去年 5 月 1 号。是这样的，先前我们聘请了一个总工程师，他不是台湾的，是厦门的，厦门灿坤的。他是 2009 年 3 月过来的，然后在他的介绍下，我们聘请了台湾人过来。

问：之前公司里有老板的家人吗？

财务周副总：这个有的。她的妹妹、妹夫，现在没有了。这是很正常的事情，因为这种家族企业。以前有的，妹妹做过销售部长，现在走掉了，去年 7 月走掉的。

姚总：嗯，那我看来还是一个小学生的程度。反正现在我的想法，幼儿园已经过了，小学生差不多。

问：那么从 2001 年到现在，你觉得哪一年比较重要，产生飞跃的是哪一年？

姚总：你这个飞跃是什么概念的，你是指产值还是管理？（产值，觉得你现在比较稳定，这几年一直没有什么变化。）对的，我们的产值一直没什么太大的变化。

问：那管理上从哪一年开始更正规化？

姚总：你说相对的话，2006 年、2007 年应该，稍微有一点相对正规。

问：你们公司有董事会？

姚总：呃……这个……没有。

问：关于人事招聘，像一线员工你们怎么招聘？

姚总：这个比较简单，人力资源找人，员工内部文件处理就行了，不用我操作。每一个员工的工资都是我谈的，这个是保密的。

问：那么高层呢？

姚总：中层这样的人原来也是我把关，中层的人员是由我来把关的。

问：你有没有什么样的接班人培养计划？（现在她才三十多岁，接班人太早了）那也可以考虑计划吧？

姚总：如果职业经理人非常诚实的话，从本意上来看，无意让小孩子来参与。看他的发展吧。

问：林总来之前，你们讨论问题，是你们这个团队讨论的吗?

财务周副总：我们就是几个副总嘛。（当你们意见有分歧的时候，是怎样最后拍板的?）最终拍板肯定是总经理，姚总啊。但是当时我们有什么意见都是尽管发表好了，有什么东西都是畅所欲言的，没有别的障碍。（当比如说，3个人同意，2个人不同意怎么办?）一般听取大多数人的意见。（如果大多数人都同意，姚总不同意怎么办?）一般不会出现这种情况。我印象当中没有的。

员工小赵：5月的时候，听说有一个灿坤以前的总经理过来，要到我们海歌公司做总经理，指导我们公司怎样去发展、怎样去前进。

附录 8

研究 2 的访谈提纲[①]

基本信息

公司的主要业务是什么，有哪几大块？

公司有无子公司或办事处？都有那几个部门？

公司的管理人员都有哪些，或者高、中、基层管理者都有哪些？他们的职位和职责都是什么？

所有权

1a. 贵公司的主要股东都有谁？各股东所占比例？

股权比例是按照出资比例分配的吗？如果不是，那又是什么？

1b. 从公司成立之初到现在，股东们发生过变化吗？有没有中途退出、转让或新加入的成员？分别举例说明。

从公司成立之初到现在，股权配置（比例）发生过变化吗？你认为为什么会发生这些变化？

经营管理

1c. 公司的董事长/总经理（CEO）是谁？公司的主要经营管理者都有哪些人（职位名称）？

---

① 访谈提纲中的每一个问题，都由研究者事先根据被访谈者的年龄、专业背景、文化水平、管理专业知识等的差异，设想出了不同的问法，如 1a、1b、1c 等。访谈过程中根据被访谈人的具体情况，可能使用不同的问题，也可能随机应变或不问（因对方的兴趣、脾气、时间宽裕程度或访话氛围等而变），故后续访谈笔录的问题与提纲有出入属于正常现象。附录 8 中对研究 2 访谈提纲的说明与此相同。

1d. 主要的经营管理者，有多少来自家族内部？所占比例？他们分别担任着什么职位？这些职位重要吗？主要的工作职责是什么？

1e. 非家族内部的管理者，分别担任着什么样的职位？

类型关系（和所有者之间的关系）

2a. 公司的股东都是家族内部的成员吗？有家族之外的成员吗？如果有，他和其他股东是什么关系？

2b. 主要的经营管理者，有多少来自家族内部？比例是多少？

家族之外的管理者，和所有者（股东们）有无关系？具体是什么关系？

2c. 中层管理者中，分别有哪些人？

他们中有多少来自家族内部？比例是多少？

如果不是来自家族内部，他们和股东有着某种私人关系吗？如果有，能占到多少比例？

2d. 基层管理者和普通员工中，家族内部人员有任职吗？他们一般担任着什么职位？和董事长、总经理（CEO）比较密切的工作职位，如助理、秘书、司机一般由什么人担任？他们和董事长、总经理（CEO）是什么关系？那其他经营管理者呢，如财务总监、HR总监、他的助理？

组织协调问题

3a. 人员选拔、晋升是怎样决定的？开会讨论？最终的决定人是谁？

3b. 公司的管理者中，有多少是从普通员工成长起来的，即内部提拔上来的？比例是多少？内部提拔的标准是什么，业绩突出、重大贡献还是忠诚？可否举一个例子。这些职位相对来说，是不是不太重要？有担任重要职位的这种类型的例子吗？

3c. 公司的管理者中，有多少是直接就担任目前职位的？比例是多少？为什么当初会让他直接担任？他们又是通过怎样的方式获得该职位的，是社会公开招募、猎头还是内部人、朋友举荐？请举例说明。

通常会是些什么职位？

3d. 家族内部的人如果想担任管理者，公司会为他们提供机会吗？是让他们直接担任还是逐步成长然后通过内部提拔的方式？有这样的例子吗？

3e. 如果现在有一个职位，候选人有家族内部成员、和某股权有某种私人关系的人和在企业服务多年的普通员工，他们所面临的机会对等吗？哪种类型的候选人会比较占优势？一直如此吗，有无例外？请举例详细说明。

公司的一些重要职位，是不是一定会选家族内部或朋友、老乡等担任？与之相对应地，那些由“外人”担任的职位一般不太重要？

任务（工作）分配和资源配置

3f. 在一些重要商务谈判、开发新市场、开发新产品等方面（这些工作不像晋升那样显眼，同时也是很好的锻炼机会）需要调任员工从事这些工作时，挑选标准是业绩、履历和个性吗？如果不是，那主要是什么？公司有这方面的例子吗？

3g. 在任务（工作）分配方面，车间主任、督导等会不会优先照顾来自家族内部的人或者和所有者关系亲密的人？比如他们的工作量会较少、工作难度小、排班照顾等。

如果有，这样做的缘由你觉得一般有哪些？有没有因为这样做而获得好处的例子？

3h. 公司有提供进修、培训吗？如果有，这些人里面，家族内部或和所有者关系亲密的人多吗？比例是多少？

3i. 来自家族内部的员工、和所有者关系亲密的人在申请工作资源（资金、人员）时，会不会比普通员工更加容易？请举例说明。

普通员工在申请工作资源时，是否一定会经过繁缛程序和漫长等待？还是说，如果工作情况刻不容缓，这个时候一般怎么办？你以前是否有这样的经历？比如找到总经理或总经理秘书、司机等在中间活动，获得额外照顾？

利润分配或薪资结构

3j. 在利润分配方面，股东们是怎样进行分配的？股东们之间以往出现过矛盾吗？这些矛盾后来是怎样解决的？

3k. 公司高层管理者的薪资水平在当地或行业内处于什么样的水平？主要由哪几部分构成（工资、奖金、分红、社保等）？有股权或期权吗？薪资结构一直以来都是这样的吗？

3l. 公司中层管理者、基层管理者的薪资水平在当地或行业内处于什么样的水平？主要由哪几部分构成（工资、奖金、分红、社保等）？薪资结构一直以来都是这样的吗？

3m. 公司的普通职员或一线员工在当地或行业内处于什么样的水平？主要由哪几部分构成（工资、奖金、分红、社保等）？会经常作调整吗？

3n. 工资、津贴、年终奖、期权（如果有的话）等方面，公司是否有统一的标准？家族内外员工有区别吗？总经理的司机和普通员工也差不多吗？

年终奖，总经理的司机、家族内部的员工会不会得到的更多些？如果都一样，比如小舅子和一般员工一样，那太太会同意吗？

3o. 有没有因为薪资少、受限制等离开公司的？通常，都是哪些人会因为这个原因离开公司？这是否影响公司薪资或激励体系的改革？能否举例说明。

决策和管理权限

3p. 公司的重大决策是怎样作出的？在讨论会上，大家可能集思广益，但是家族内的管理者、和所有者非血缘的关系亲密的管理者和一般管理者的意见，董事长或总经理会同等重视吗？

如果会，以前离职的高管一般出于怎样的原因离职？有没有因为感觉不受重视的？能否举例说明。

3q. 公司的高、中、基层管理者各自有着什么样的权限？他们具体管理的工作内容和下属是什么？

3r. 家族内或和所有者非血缘的关系亲密的管理者是不是一般表现更为活跃，比如越权、个人决策、高调做事等？有这方面的例子吗，公司其他员工怎样评论？

监督和约束

3s. 公司一般是使用什么方法（KPI、360 度、指标等）考评员工的，还是直接主管说了算？有没有直接主管不喜欢，但业绩仍优秀的员工？

所有的员工都一视同仁吗？家族内部员工和与所有者非血缘但关系紧密的员工会受到额外照顾吗？绩效考评结果和奖金、晋升挂钩吗？对外公布吗？

3t. 如果某管理者没有完成工作任务，公司会怎样处置？（如果说开除）即使这个管理者和所有者关系紧密，比如小姨子，公司会不会网开一面？（如果说不会）总经理太太会保持缄默吗？可否举一例子说明。

3u. 公司的工作制度，所有的员工都会遵守吗？和所有者关系紧密的员工会不会比较散漫，比如考勤，他的主管也是睁一只眼闭一只眼？如果破坏了，公司会怎样处罚？如果这个员工是小姨子，怎么办？

3v. 公司有没有一项工作需要几个部门通力合作的情况，这时公司会做一些特别安排吗？这项工作的负责人一般会由什么人担任？有没有合作不好给公司带来重大损失的？公司后来又是怎样处理的？请举例说明。

3w. 家族内部员工是不是更容易实现工作合作和信息共享？如果不是，请举例说明。你觉得发生这种情况的原因是什么，后来又是怎样处理的。

3x. 公司有没有家族内部员工、家族外员工等类似的非正式群体？他们是不是经常散播各种小道消息，公司一般对此采取什么样的态度？

附录9

G公司访谈笔录[①]

问：您来这家公司多久了？

我在这家公司工作已经4年了，我本身是学机械出身的，大学毕业后在宝钢，一直在钢铁或机械行业内。

问：贵公司的主要业务是什么，有哪几大块？

主要从事滚轴方面业务，主要用于工业，如汽车行业的整车生产，还用于纺织、钢铁行业。

问：公司有无子公司或办事处？都有哪几个部门？管理者有哪些？

在昆山是德国的独资企业，整个企业的管理、生产、销售都在这边。公司整个管理分为两层，一个高层，是亚太区总经理，是德国派过来的，下面分销售和生产，财务和人事由一个部门兼调，福博士是一个小的公司，没有划分那么详细。经理下面不设车间主任或督导等职务，直接是普通员工。

问：公司股东主要由哪些构成？

中国公司不是一个股份的公司，相当于德国家族企业的一个独资投资公司，由德国公司百分之百所有，不适用股东制。德国的企业是实行股份制的，共有5个股东。由母公司百分之百持股，其中×家族持有的股份占到

① 附录中所有公司的访谈笔录均为原始访谈录音资料的忠实还原。因被访谈者的表达习惯和具体情境差异，访谈笔录中有大量的口语、俚语、病名、夸张的语气词及重复表达语句。因忠实还原访谈现场，这些情况都属于正常现象。出于研究目的和研究内容的需要，正文中表格里的“证据举例”是从相应访谈笔录中节选整理而得，故正文表格“证据举例”和附录中“访谈笔录”有时不会完全一致。后文同，不再一一注明。

60%左右。

问：现在亚太区总经理是由德国外派来的，其他经营管理者有哪些？你是怎样加盟到这家公司的？

按部门，主要是销售和生产，其他行政人事处于辅助或服务性的部门。我当初是猎头招的，生产部门王经理是社会公开招聘的。

问：HR一般是如何招募员工的？

招人的形式有两种，一是猎头招聘，二是广泛发布招聘信息，在招聘过程中，HR负责发布信息，收集应聘者基本资料，然后根据部门不同，参加各个部门的招聘。

问：除以上一般的招聘形式，对于特殊人员，比如总监助理、司机等和管理者私人接触密切的人员一般是怎样招聘的？

通过社会招聘，尽量避开公司内部关系，一是为了避免人事上的麻烦，二是能够更好地进行工作的配合。譬如，公司的保安、司机等后勤人员都是外包的，都是聘用上海的。虽然公司名义上是家族企业，但是更像国外的工作环境，企业以工作为导向，人的关系相对简单。普通员工，比如生产工人、秘书与我们会直接通过社会招聘，尽量避开内部关系 ，一是为了避免人事上的麻烦，二是能够更好地进行工作配合。

问：普通员工的晋升程序？主要考核指标有哪些？

主要是绩效，业务能力比较强，有一定领导能力和协调能力，主要靠业绩。公司是一个目标导向模式，业绩第一，生产组长是内部提拔，其他管理人员通过社会招募。我是负责销售的，当初加入该公司是外资猎头公司举荐过来的，而负责生产的W经理和我们的行政经理F女士都是社会公开招募过来的。

普通员工的选拔晋升，主要靠业绩，业务能力一定要强，否则难以服众，然后还要有一定领导能力和协调能力。

公司很明确，是一个目标导向模式，生产组长是内部提拔，像我和管生产的王经理这种中高级别的管理人员，则会通过社会招募。

问：对于像您这样的管理者，职业晋升渠道是怎样的？有没有可能几年之后担任亚太区总经理?

亚太区经理到目前为止在公司任职6年，若离职，也不会从两个中国经理中提拔，会从德国委派经理过来。因为产品的特殊性，有着很高的技术含量，保密性比较高，亚太区经理一定是德国总公司家族委派过来的。

问：前任销售总监为什么会离职?

2007年昆山公司开业，之前的销售经理因为是行政出身，缺乏销售经验而离职，在公司成立之初，需要行政方面的人才比较多，但之后需要开拓市场，对人才的需求发生变化，更需要具备销售才能的人。在王经理之前的生产部门经理是一个德国人，但由于对中国市场不是很了解，对员工的心理不是很了解，所以在管理上存在弱点，最后离开了。

问：公司一般使用什么方法来对员工进行绩效考评?

分部门吧，生产部门衡量的主要是产品质量，销售部门就看销售额度，基本上是看业绩。生产订单多的时候实施轮班，不多的时候就是一班制。例如生产部门，按照订单进行生产，订单多的时候会实行员工轮班制，不多的时候就一班。不会额外照顾某个人，大家都一样，比较公平。

人事应该有详细的考评办法吧，具体我也不是太清楚，我手下的业务员就是拿业绩说话，只要业绩好就行，当然，也不可以违法公司政策。

问：公司给员工提供的培训机会多吗?有没有出现过一个岗位很多人竞争的现象?

根据公司需要，有新的工艺或需要掌握新的技能，公司会提供培训。基于工作岗位需要，选拔员工去培训。你说的多人竞岗的现象，一般没有，因为我们一般不做后备，由于给工人的工资相对较高，工人的岗位相对来说是比较固定的，流动性比较小。

问：您在日常工作中申请工作资源如客户费用方面，程序上需要怎样做?

程度上并不烦琐，因为年初的时候每个部门都会有经费，使用可以自己掌控。如果经费中途超支，可以再向总经理申请，一般来说在年初申请的时候，会根据前几年的使用情况进行一个预测，会有一定余量，一般不会发生经费不足的情况。

每年年初，每个部门都会有经费预算，这个是基于前几年的经费费用初步预估的，我们部门自己也会做好控制，一般也够用，不会发生超支。

问：公司的薪资结构怎样安排？从公司成立至今经过哪些变革？

各个部门不同，比如销售部门，管理人员的工资包括两块，基本工资和行业补贴，还有一些其他福利，比如房贴、车贴，还有一块是项目的分红，还有销售的奖金，另外还有年底双薪。销售的奖金根据业绩，补贴是固定的。从员工到管理者，他们的工资水平在当地都是比较高的。社保都按国家政策交。对于生产部门和行政部门，年终奖和津贴也都有，年终奖包括十三薪和行业补贴两部分。

问：从公司成立至今，薪资结构经过哪些变革？是由于什么样的原因进行变革的？

薪资方面，还是有一定变革，在刚成立公司的时候，并没有像岗位补贴、房屋补贴这块，随着公司的成长逐步完善起来，拿销售来说，开始只有底薪加奖金或提成这样。薪资福利变得越来越好，主要是公司发展越来越好，另外还根据市场物价水平、CPI 水平进行调整，根据工人工作年限每年也有固定调整，5% ~10%。薪资水平在当地出于比较高的水平，员工比较珍惜工作机会，岗位相对固定。

各种补贴、保险和增加其他福利；提供培训，增强工人技能。

员工流动率不高，因为公司技术先进，有着很好的发展前景，未来有保障。

问：决策一般是怎样作出的？平时的工作自由度大吗？

部门层面的决策，自己有一个结果，只要亚太区经理批准就可以；公司层面的话，会和亚太区经理一起探讨，他会听取我们的意见，每个星期都会有会议。部门内可以自己做决定，亚太经理只注重业绩，不会干涉具体工作。

问：除公司的规章制度，如果员工出现工作失误，公司会如何处理？有没有因为重大失误开除过的员工？

公司以提醒为主，有时也会罚款，但情况比较少，因为公司薪资比较高，员工一般比较珍惜这儿的工作机会，所以不会太失误。有过开除的员工，财务因为做账错误而被开除，很少有人求情，错误自己承担。

公司各种规章制度明确，如果员工出现失误，以提醒为主，如果失误比较大，会罚款或开除；我们之前就有一个财务人员因为做错账，被开除的，没有人求情，自己的错误自己承担；我之前，公司刚成立时也有个销售经理，后来由于公司业务的开拓，能力不足，就让他请辞了。

由于我们的原材料、技术的先进性，王经理和公司签有保密协议，我自己和公司也签有客户保密协议等，重要的是公司支付的工资，在业内在同等位置确实是比较高的，再找到比现在好的也不容易。

问：公司有没有同时需要几个部门合作的业务？事先会做哪些部署？

有很多，工作分配比较明确，事先沟通职责，比如交货期的提前或推迟会和生产部门进行沟通。

附录 10

H 公司访谈笔录

问：贵公司成立多久了？整体是个什么样的情况？

公司原来是隶属于纺织部下面的一家生产纺织器材的企业，是六七十年代的政办企业，后来经过改制，改成个人，最后一直发展到今天。公司位于河南光山县，当地比较落后，很多人是在外面闯荡、成功赚了钱，回家光耀门楣那种，当地消费成本很高，劳动力也不便宜，这一点比较奇怪。

问：贵公司的主要业务是什么，有哪几大块？

主要是生产纺织配件器材的，广泛应用于棉纺、毛纺、麻纺、化纤、羊绒及棉花加工等纺织领域。

问：公司的管理人员都有哪些，或者高、中、基层管理者都有哪些？

公司管理部门名义上是很齐全的，高层管理人员大约占到 1/10，所谓的高层，其实就是以前没工作了，穷得要饭了就出去搞销售，那些人都是一些种地的、卖菜的，小学都没毕业，整体素质比较差。就像我，我基本上也是帮助他们做一些销售，品牌策划、包装和运营等。创一个高端的品牌。

所谓的高层，就是那些原来农民、菜贩子和下岗工人最初跟着老爷子创业的一批人，都是亲戚、朋友和同乡。有两个负责销售和生产的老外，都是总监级别，其中一个老外是我以前的同事，所以也带我过去了。

问：管理者有多少是来自家族内部或所谓的熟人？

公司里，从总经理到生产到销售到物流，大都是通过亲戚关系进去的。这就导致很多工作无法开展，他们抱成团会排挤你，像生产主管的工作，根本不尽人意的，他虽然负责生产，但是根本无法彻底融入和展开工作。

问：贵公司的主要股东都有谁？各股东所占比例是多少？

股东现在就是一个父亲和他的两个儿子，父亲大概占到11%的股份，小儿子占到8%，其余的都是大儿子。以前是父亲持有81%的股份，大儿子占19%的股份。

问：主要的经营管理者有多少来自家族内部？他们的主要工作职责是什么？

现在父亲是公司董事长，属于“太上皇”的位置，虽然不太具体负责公司经营管理业务，但是什么事都爱插手、爱监督，总怀疑和担心别人卷走他们的钱；老头子担心外地人将他的钱卷走。大儿子是公司总经理，主要负责公司日常经营管理和战略、业务发展等，小儿子空持有股份，并不在公司工作。

在本地人或自己亲戚、朋友能力明显不足的情况下，会派我们这些外地人去接手；但是，每天我们每个人必须用手机向他汇报。业务员都是本地人。那个地方本来就小，亲戚占了大多数。

问：公司的各种政策、制度都有吗？日常管理是否规范？

公司各种管理制度、政策都有，但多是空头文件，根本无人遵守或执行。正常来说，从询价到生产到售后基本上都是凭借手写的和嘴说的；还有，公司基本上都不用电脑，销售额虽然达到几个亿，但是订单记录都是人工做的，价格等都没有统一标准，同样的东西，价格卖给不同的客户，都是主管个人单独定价，管理方式非常原始、粗放。

问：像您这样的中高层管理者，是怎样加入到这家公司的？

公司的管理者其实大部分都是本地人，当然也有例外。我原来公司的两个外国老板先过去了，然后也把我拉过去了，两个老外，一个是管生产的，一个是管销售的。

他们两个都是猎头公司看中，然后推荐给公司并留任下来的。

问：和董事长、总经理（CEO）比较密切的工作职位，如助理、秘书、司机一般由什么人担任？他们和董事长、总经理（CEO）是什么关系？

司机是找的当地人，具体和他们家是什么关系，暂时也不太清楚；但是，公司里面连一个秘书都没有，有时候，老板不在了，连个签单的人都没有。

问：基层管理者和普通员工中家族内部人员有任职吗？他们的身份会特殊照顾吗？

当然有，那个地方本来就小，很多都是亲戚或老乡、朋友等，就像我下面的业务员一样，但是对于他们和普通员工一样看待，不会有什么特殊照顾，也照顾不过来。大多是本地人或亲戚，工作分配比较公平，不好偏向谁。

问：来自家族内部的员工、和所有者关系亲密的人在申请工作资源（资金、人员）时会不会比普通员工更加容易？请举例说明。

当车间生产货物，供不应求时，销售都是跑到车间去抢货的。对于老的业务员，和车间有关系的，就能拿到货，对于刚来的新的员工来说，就是根本拿不到货。没有销售数据的知识，所以涨价都是自己随便弄的，若是具体算的话，真的算不出来的。

问：公司平时的员工薪资结构是怎样的？员工流动频繁吗？

销售的薪水是由底薪、奖金一起构成的，还有年终奖什么的。当地人流动性不是很大，但是中层的管理人员，像我们这样的外地人，相对而言就大一些。

劳动力不便宜，员工工资低的3500，高的五六千，薪水主要由底薪和奖金两大块构成；优秀的业务员，据我所知，应该没有额外奖励。老爷子比较抠门，而且那么多沾亲带故的人，不会额外照顾谁的（在发红包时）。

没有什么考评办法，就是年终总结工作时，谁的工作不好，业绩不好，少发点奖金或者扣工资。

问：那像你所说的，来自外地的中高层管理者经常流动的原因，你觉得是什么？

地域差异造成的生活、饮食等方面的不习惯并不重要，关键看的是企业的文化，看能不能吸引住人。家族企业的文化，说白了就是老板的文化，老板不好的话，你怎么做也做不好的，当一个企业做得比较大的时候，关键就要扩大视野。他们的思想比较落后。请了好多优秀的员工来，但是却放在那儿当摆设。按道理说，花钱把人家请过来了，应该考虑如何把人留住，然后再考虑如何笼络员工的心，但是他们不是。

问：平时工作，一般决策是怎样作出的？有参与高层决策的机会吗？

高层决策大多都是老板一个人或他们父子俩一拍脑袋想出来的，和我们基本上没什么关系。我们平时的工作自由度也不大，虽然可以和直属主管申请、商量，但是他根本也做不了主，大 Boss 说不做就不做，你也没办法。时间长了，大家也懒得理会和管事了。

形式上也会举行会议讨论吧，但是效果不好，大家各说各的。老板私下已经有了决策，我们对他的影响力不大。他们文化水平很低，素质不高，很多决策都是一拍脑子拍出来的。他们主观地为产品定位，比如所谓的高端产品就是价格高，完全没什么逻辑。

问：公司有没有一项工作需要几个部门通力合作的情况，这时公司会做一些特别安排吗？

基本上都是各做各的，生产只负责生成，销售只管销售，没有什么联系。生产是尽量大量生产，销售是只管自己卖的更多些，所以生产和销售经常脱节，出现供不应求或货物积压的现象。业务员能卖高价就卖高价，不行的话就再降价，根本没有最低价格的限制，等财务核算发现问题时，也只是提醒一下。管理分层经营，每个车间采用承包制，独立经营。

问：那这些现象当然不好，生产和销售部门不会主动或被要求加强沟通、合作吗？

这个管理的机制主要是看管理的流程是不是合理，而这个厂子没有合理的管理流程，就像在足球场上，有裁判、有后卫，那怎么能做好呢，他们就是这样子的，所以当出了问题时，他们不是解决问题，而是互相找理由掩盖，相互推诿，推脱责任。

问：公司的工作制度，所有的员工都会遵守吗？如果破坏了，公司会怎样处罚？有哪些具体的例子？

工作制度、政策等都是空的，大家很少关注或严格执行的，即使违规或破坏，也不会受到什么严厉的惩罚。如我刚才所说的，销售卖货乱定价，有时候财务进行核算的时候才发现，我的这个产品卖的价格都低于成本价了，他们也只是提醒一下这些销售下次再稍微注意点。对于销售人员来说，只要卖出去，就可以提成了。

附录 11

I公司访谈笔录

问：贵公司成立至今，大概是怎样的发展历程？

我们公司成立于 1986 年，当初是完全的家族企业。当初，在常州租了个场地，开始慢慢赚钱，越做越大，就开始融资等来租地、买地，开始在无锡等地展开。现在总部在上海，妹妹是做总的业务拓展，老婆负责财务。最近，大概 2～3 个基金，这些已经帮助我们上市了，我们可能在未来的 2 年内上市，总的规模是，从原来的生产家具演化为商场，现在变为房地产，自己购地等。

问：现在公司总部的职能是什么？有哪些主要的管理者？他们的工作职责是什么？

战略，及发展战略，里面有个董事会，董事长兼总裁，其中有 10 个副总裁，3 个是分管业务，发展，就是分管拿地，洽谈业务，加盟点，1 个副总裁至少分管 20 个以上，2 个副总裁是专门负责上市，1 个负责业务，1 个负责大区的，我们有 3 个大区，每个里面有 20～30 个店，1 个负责建设事业，像造房、内部装修等，1 个是负责物业安全，1 个是人力资源。

问：公司的主要管理人员有哪些？他们的来源渠道有哪些？

现在除了车总之外，已经有 10 个副总裁了，其中有妹妹、妹夫，还有妻子三个是家族成员。因为事业的扩大，社会人才越来越多，分成了 3 个大区，包括西南大区、华南大区、华北东北大区，大区中两个总经理是家族内部人员。社会上招聘的总经理较少，通过内部培养不断地提拔、提拔成为总经理中的大部分是内部人员，从总监提拔到副总，再从副总提高到总经理。

问：内部提拔的比例多吗？有很多这样的实例吗？

很多，我们公司很看重能力。比如像我，我来了大概6年，来的时候，也相当于从基层做起，因为我之前就是做部门经理，到了这儿还降了一级，从副总做起，但是不到半年的时间就做到总经理了。

问：人员选拔、晋升的标准是什么？考核方式是怎样的？

我们是完全的标准化的绩效考核，比方说，完成了多少的利润，包括满意度检查、培养的干部多少，还有一些标题化，总的来说一直在学习的。

每个季度评选一次，我们是末位淘汰，连续3次最后一名就淘汰，就像我们这次6月就有一个内部竞聘，没被入选的将综合素质较高的人员纳入人才库，等到时机稍微成熟了一点，就将其提拔。通过综合能力进行筛选，包括表达能力、业务能力等，由几个部门经理和总经理形成一个PD小组进行面试。

公司不同职位员工，人事部会有不同绩效考评方法，比如一线员工采用360度考评法。

有关系的人可能在测评环节，稍微照顾下，比如主观方面给主管或其他人打的稍微高一点点也是可能的。

问：贵公司的主要股东都有谁？各股东所占比例是多少？

有老板独自创立企业，当初百分之百持股。主要股东就是车总他们那个大家族的。现在，由于基金注入，他们也会占到一定比例的股份。

问：内部提拔的标准是什么？对于家族成员或和家族关系亲密的熟人会不会有特殊待遇？

即使是家族成员，基本上也是从基层做起，如果有能力就升得很快，但是能力达不到的话，当然就不行了。比方说，车总的两个哥哥就是两个商场的总经理，还没有做到区域总经理，是结果导向和能力导向并重。有的，比如说25年前和老板一起打拼的一些人，但是如果做不了的话，只能下来了，我们都是量才是用，但总体上来说，家族成员、亲戚熟人什么的发展稍快一点。

我们公司人才卧虎藏龙，遇到重要工作任务时，当然是有能力者居之。同等条件下，还是家族成员的机会更多些。

部门经理和总经理形成一个 PD 小组，对候选人进行评选，因为我们公司处于快速扩张期，如果能力达到了，下次什么机会，会直接调过去。

有关系的人也要从基层做起，只不过能力强的话就升得快，但是能力达不到的话，肯定不行。

问：贵公司规章制度方面是否很明确?

我们这边都是按制度办事的，忠实于制度流程，如果这个制度经常超越、经常出问题的话，就是应该重新修改的。

问：您在工作中申请工作资源时难度大吗？程序是否很烦琐，要经过漫长等待?

程序不烦琐，基本上完全可以申请到的，只要不超过预算。如果超过预算，要提交书面解释文件和充分沟通。平时在申请工作资源时应该都一样，超预算的话，如果和老板熟识，关系亲密，相对来说会容易一点。

申请费用一般比较容易，只要不超过预算。现在公司准备上市，越来越严格规范，如果费用超出预算，要写解释的书面报告。

完全按规则办事，每年费用有预算，如果超了，需要大区经理批准；业务招待会，我的审批权限只有一千元。

营销企划案做好了，要花多少钱，怎样实施，各阶段需要怎样准备等等，都要提前形成详细的书面报告送上去。

问：您的薪资结构如何？薪资水平高低的标准基于哪些?

薪资结构是底薪加提成的，我们大概是 50 万左右，在销量得到大量提升的情况下就进行奖金收入，我们一般是分组考核的，我们每个部门经理都有自己的要求。

我们基本上通过负责的范围来看的，承担的责任大，工资就高，具体的基本上就是底薪 + 奖金 + 年终奖，差别只是表现在乘以的系数不同，还有津贴等。

薪资结构是底薪 + 津贴 + 提成，如果整年度经营业绩好的话，会有奖金；我们每年也会根据以往的经验教训和市场情况进行调节或改革。

一般来说，承担的责任越大，工资越高，每个职位的工作系数不同。我们的工资在行业内，出于高水平，因为我们业绩一直不错。

年底发红包，是人事部门在操作的，有一套制度在里面，没有额外照顾有关系的人，有可能在测评环节，稍微照顾下，比如主观方面给主管或其他人打的稍微高一点点也是可能的。

问：薪资结构经过哪些变革？

我们的薪资结构每年都会根据市场、反馈进行调整变化的，比方说以前是重提成轻底薪，但是现在来说，总体上底薪已经变成了一块非常重要的部分，例如，以前我的底薪仅有 6000，但是现在已经翻了 15 倍。

问：除了薪资，公司还有哪些激励员工的手段？

有的，评一些先进啊，优秀之类的，基本上接近于中美合资企业。我们每周都有培训，基本上部门经理呀、总经理之类经常会讲一些销售技巧之类的，有时候会请一些外来的人员，总体来讲还是可以的。

我们员工提升速度很快，大概 3～5 年就能得到提升。

我们的一些先进的员工有免费旅游机会的，先进的干部可能去一些英国之类的国家，像我们这些更高一些的职位的会资费更高的。

经常提供培训，公司有专门的管理学院，让员工学习成长。

根据员工业绩和管理者职位的高低，会提供经费不同的出国旅游机会。

我们公司主要靠公司文化、事业和未来发展方向等留人。

问：像类似招商引资这样比较重要的战略是怎么做出的呢？

董事会开会，确定一个发展方向，做出总的战略，像是我们 2002 年要求是 20 个店，2020 年目标是 200 个，向多元化发展，具体到一些房地产开几个等。我们开始是民主讨论的形式，最后车总根据市场情况，做一个总的决定，汇总之类的，从来不会说是偏袒于一些亲戚的意见，遵守的是公平公正的原则，由市场来决定的。像我们这种门店总经理，一般是开会讨论决定，当然决策权在我这，我会和他们沟通、解释和相信我的决策；基层管理者，面对的决策一般也比较小，有时候就自己拿主意了吧。

问：和董事长、总经理（CEO）比较密切的工作职位，如助理、秘书、司机一般由什么人担任？

都是外部社会公开招募的，特别是我们公司最近在为上市做准备，各项工作都很小心谨慎。

问：公司的员工流动率高吗？如果高，你觉得由哪些原因造成的？

多的，高管的淘汰率是很高的，每年都可能会淘汰一两个，究其原因，有可能是一些更合适的人出现了。比方说，以前有一个人事总监一直没升到副总裁，结果来了个人非常厉害，就给他一个副总裁的职位，结果又过了一段时间，来了一个更厉害的人，就把副总裁的职位给了他，原来的副总裁只能降为总监了，那原来的总监就会被淘汰。我们实行末位淘汰制，连续 3 次最后一名就会被淘汰。

问：总裁在平时的工作中会不会特别偏向于听某个人的意见？

一般不会，但是几个大区的经理还有一个 CEO 的意见对于老总的影响还是蛮大的。

会议讨论决定，鼓励大家畅所欲言，积极发表意见，但是最后还是由老板定夺。你说的那种情况（大多数任意和老板相左），不多，即使有，下决策时老板也会以自己的主意为准，比较自信。

大家的意见一视同仁，从来不会说是比较偏袒于某个亲戚的意见，遵守公正公平原则。

问：同等层次的管理者，有没有一部分人（那些与家族密切的管理者）会表现得更为高调呢？

没有，我们这个还是蛮公平的，虽然有一些家族企业的特征，但是我们总体来说还是蛮正常的。

问：那现在公司在监管你们这些非家族管理者方面有什么限制性的政策吗？工作自由度大吗？

有。比如我实施一个事情，如果没有我上一级的签字，我是不能实施的，比如我一个营销企划做好了，提前一个月，下面的活动方案做好以后，要花多少钱，每周要花多少钱，写得很细的，如果超过前面的预算，他会给你一个预警，这个已经超了，那你不能花那么多钱，自己要调整，包括我们有个业务招待会，像我们总经理最高权力只能签1000块，那如果3000多要怎么办，那我上一级再帮我加签。

工作自由度本身还是蛮大的，只能说监管严厉，但是具体工作如何实施本身还是自己决定的，上面不会过度干预。

问：普通员工有很明确的工作任务吗？如果完不成，公司会如何处理？

有，每个员工你要告诉他一周要做哪些事，我们会把目标分给每一个职能部门，职能部门，每个主管分派给员工，一层一层。完不成的话会扣奖金，这个靠制度来做规范。

问：你们平时对待细节方面，比如工作制度、工作时间有很明确的流程吗？

我们商场实行三大服务承诺，比如三十天无理由退换货，倡导绿色环保，售出去的产品负全责。第二，我们所有员工在实施这个制度的时候都是非常严格的，我们现在倡导组织自动化和制度流程化。

有严格的规章制度和流程，所有员工都要遵守。

但是，员工经常在某项制度上超越或出问题的话，我们也会烦死，重新修改制度。

问：平时需要各个部门密切合作的机会多吗？

多，只是各个设立的部门分工不同，但是它们的目标是一致的，老总来负责，分给它们的目标也是围绕我们商场的大目标来做的，包括安全指标、服务指标、满意率都要达到百分之百等等，一旦出现问题我们是抓大方向，抓主要矛盾，比如出现安全问题，是一票否决的。

问：那一般部门合作没有问题吗？都搭配得很好？

都会有问题，我们每周一例会就是为了发现问题，每个部门需要协调的问题都会在会上讲，总经理就会给他们做一个协调，我是一直在做服务和协调的工作。

问：公司非正式群体在公司多吗？目前的小团队有没有影响公司的运作？

都有，小团队的问题解决不了，我们基本上不会管到你那么细，只要是不影响公司运作，我们一般都不理会的，这种现象很正常。如果实在是影响工作了或者执行有问题的时候，我们可能会调解，具体措施就是正式谈话，或者部门调动，都有可能。

偶尔碰到有几个部门经理关系比较好，或者大家攻击一个部门经理，那我会在会上严厉指出，找这几个小团队的人谈一次话，这样下去可能是要淘汰的，部门之间不应该有这样的矛盾出现，这是我们企业里面经常会碰到的。

附录 12

J 公司访谈笔录

问：贵公司的主要业务是什么？都有哪几个部门？

公司 1997 年成立，主要业务是树脂，下游业务是皮革，公司总体都在金山，常规组织结构，最上层是私营老板，董事长兼总经理，下设产供销各大部门。

总经理下面还有分管销售的、分管技术的，我是搞 IT 的，下面再设生产部、销售部等，搞信息技术对于很多传统企业是新东西，不在标配里面，但是公司这块发展比较快，有独立的部门。

问：贵公司的主要股东都有谁？各股东所占比例是多少？股东发生过变化吗？

股份现在是由老板百分之百占有。最早公司有几大股东，老板和几个朋友共同持股，老板占大头。后来出于经营考虑，老板将股东都合作了，因为如果股东太多，决策会变慢，再投入过程很难迅速落实。

公司发展到后来，老板逐步回购其他合伙人的股份，因为合伙人多的话，老板考虑到那样决策太慢，而市场机会是稍逊即逝的，有时候决策出来了，机会也被别人抢走了。

问：贵公司的主要管理者有谁？整体的管理氛围如何？

公司的核心管理者是老板，还有生产经理、市场经理、人事行政经理和信息技术经理等。公司是集权式的，非常典型的民营企业的特征，只有我的部门例外，因为没有人给予技术上的支持，所以都只有我自己去审核，然后派生出一些项目。

问：决策一般是怎样做出的？

大多数决策都在中层干部身上，这些老板不会干涉过多。

高层决策一般是老板个人作出的。我们的企业发展以稳定为前提，老板亲自决策会稳一点，在他的可控范围内，比如人员稳定，资金链的稳定情况，以及他对市场对技术的了解，所以他做决策是很小心谨慎的。

在整个公司的日常运营过程中，高层决策其实比较少，一般是老板自己决策。老板这个人，比较求稳，他做决策时决策环境、条件等必须是自己可控或了解的，否则宁愿放弃那个机会或市场。中层管理者部门内作决策的话，主要看他个人，有的愿意和下属讨论，有的愿意凭以往经验自己拿主意。公司是集权式的管理，有着民营企业很强的典型性特征。只有我的部门例外，因为老板对于信息技术这块也不懂，也无法在技术上支持我，所以都是我自己去审核。

问：中高层管理者大概有多少，占到多少比例？他们一般来源渠道有哪些？

我们现在大概有300职工，中高层管理者是20位不到。中高层管理者中，家族成员或者亲朋好友的比例很大，有几种关系特征，比如亲戚、同乡、一起共事的老朋友、亲戚朋友介绍的人，占总人数的百分之八九十，因为公司比较偏稳，从没用过社会上的人担任中高层管理人员。

问：基层管理者有哪些？担任着什么样的工作职责？他们的来源有哪些？

中高层下面会有车间主任、项目主管等，属于基层管理者。

基层管理者基本是由我们决定的，主体部门如市场、技术或生产部门的管理者是由下面选拔，但也会考虑这个成分，忠诚度是很重要的因素，对基层的工人而言是社会招聘，招聘过程中有额外关系的会优先考虑，所以企业整体氛围是这样：关系网如果不去理它的话可以当它不存在，这个网其实织得很密。

基层管理者，像车间主任等以内部培养为主，提拔标准首先考虑可靠性，其次才是能力。管理者通过内部培养的占多数，有时候我们甚至愿意慢慢等待，将员工培养合格后让他担任这个职位。

问：管理者，内部提拔的标准是什么，业绩突出、重大贡献还是忠诚？可否举例子。

能力会有所考虑，但据我了解，有时会有所偏颇，实际上首先是忠诚问题，其次是能力，基本这两个占主导。老板是很聪明的，当初就看准了你不会走才会升职提拔你，如果走的话当初就不会用你。

我们企业用人往往比较稳妥，以信、熟、可靠为前提，亲朋好友是很重要的一部分，至少信任度没有问题。

问：公司的管理层是否稳定？人事离职变动频繁吗？

管理人员比较稳定。一是企业还处在上升阶段，大家的待遇等各方面都是越来越好，还有另外一个，现在用的人基本都还是过去的创业团队，他们已经进入守业状态了，在公司有了自己的积累，不会放弃。再反过来讲，我们要求的聪明才智都集中在老板身上，对下面的人要求不是很高，我们用的人是否能出去创一番天下很难讲。

问：如果家族内部的人或者托关系进来的，有没有直接给管理岗位让他任职的？

比例比较小，如果是新人，是不会直接登上管理岗位的，如果说是有经验积累的，可以偏照顾一点。

问：总体来说家族内成员或者和老板有关系的人是否晋升机会多呢？

也不见得，至少在我们状态下，晋升取决于两种状态，一是信任度，二是能力。这种信任并非完全取决于血缘，就像我，当初和他打交道多一点，又是这个领域的技术人才，他很欣赏很信任我，我部门领域的事情基本上由我全权做主。还有，我读 MBA 的学费也是公司赞助的。

关于员工晋升升职方面，我觉得能力会考虑，但有时有失偏颇，实际上还是一个忠诚问题，其次才是能力，主要也就考察这两方面吧。

问：对于总裁秘书、司机、助理等敏感职位会是谁担任呢？

没有什么特别的，我们老板到现在都没有请秘书。司机是外部招聘的，他不会过问或介入我们的任何业务中，相互仅仅是工作关系。

对于董事长、秘书等这些职位，没什么特别的，没有秘书，司机是外部招聘来的，仅仅是工作关系，不介入不参与我们的业务。

问：如果公司成立一个新的办事处，需要调任一个人过去，一般会选什么样的人？

像我们这种企业，往往总公司是最舒服的，我们爱派的都是爱吃苦的人，因为我们从最开始，包括江阴那个点都是派出去的，打天下那伙人肯定是很辛苦的，往往是想要更往上发展的人会愿意过去，反而是既得天下者不愿意出去。

对我没有吸引力，对别人肯定是有吸引力的。

问：对于你这样的中高层管理，什么是比较有吸引力的呢？

对我个人来讲，我很喜欢我这个企业，但我更期待一个新的思想，或者哪天遇到一个更优秀的人，更认同我的观点，给我更多的资源让我来实现我的一些想法，但没有这个之前，我觉得也蛮好的。

对我来说，吸引我的是老板给我提供了资源，可以实现我的一些想法，可以发挥我的专业知识和推广我的专业理念，体现自身价值，对于非常重要的员工，公司会多给点钱，生活中多关心关心你来挽留。

到目前为止，我们中层管理者还没有走过的，老板很聪明，如果当初看准了你会走，他就不会提拔或录用你。

问：对于其他中高层来讲，那种能吸引他们相互竞争的机会多吗？如果这些机会出现，老板选拔人会侧重哪些？

因为人员流动不大，企业发展不是很快，所以机会有也不会多到哪里，因为往往机会出现在变革的时候，说到机会对人的吸引力，那就因人而异了，不能一概而论，我们有的同事就对现在的待遇、现在的生活状态很满意，我也不要再往上走，但是千万不要再给我加工作负荷，也有年轻人会觉得虽然现在待遇都对称，苦于还想往上走就没有位置给他。

外部招聘同等条件下，会额外照顾有关系的人，有时候关系是第三方赋予的，这样在做事的过程中又会慢慢衍生出一些关系来。

我们现在普通员工的工作制度安排很正规，采用轮班制，三班制还是四班制，不太会因为某个人有关系而额外照顾他什么，工作本身也很轻松。

公司每年末会协商制定下一年的目标，然后根据部门能力、领导者能力等分配任务，比较公平。

问：对基层员工来说，对有关系的人和没关系的人在工作分配上会不会不同？比如有关系的人工作少一点，主管照顾多一点，这种现象多吗？

这个比较少，因为工作本身强度不是特别大，只不过当你在失误的时候，或者有点小毛病的时候，我要不要拿你做案例去批评，还有处罚啊，这方面都会有点倾斜，但是不太多。

我们公司，员工比较满足，反而对培训、再教育等方面的诉求不是很强烈，老板有这个意愿但是效果不太好。

问：平时公司给员工提供进修、培训的机会多吗？

老板很愿意提供培训，我们有时候也会引进一些人到企业里讲一些东西，但是培训也要看人群的，一个是你给特定人群培训什么东西，对于基层的工人你也只可能内部训练。

在项目中，如果需要申请经费，流程不麻烦，一般只要向经理打报告，然后批准就可以，一般也会批准。我们公司比较小，真的超支了，和老板沟通下就好，不像大公司或外资公司那样设定得很严格。

问：那基层员工会不会觉得晋升没有途径，努力没有施展空间？

现在的人更多想的是工资涨一点，其实工人和企业的信任感蛮弱的，所以在这种信任感很弱的情况下，他们对名和利之间会选择利。

问：那你们平时项目或者产品需要经费时，申请工作资源的流程是怎样的？

不是很复杂，只需要向总经理报告就行了，如果他们有分管的找分管副总，最终还是要老板签字的。公司年初的时候会做预算，下年花多少钱，如果中间超出了要向老板解释。民营企业预算支出的限定很差的，只有外企或很大的企业才靠这个来卡。

我们这些中高层管理者，发红包老板会论功行赏；对于普通员工，会根据部门业绩、员工表现等，形成一个申请方案，最后主管定夺，往上汇报。

问：薪资结构是什么样？薪资水平在行业内如何？

我们工人一个月能拿到五六千，工人工资在这个行业里也是不低的，算中上游。名目很多，工人工资笼统分为几块，一块是固定的，一块看产出。我们的公司，中高层管理，每个月拿的工资是小头，工资不多，但是每年年终红包比较多。

问：年终奖分发的标准是什么？

名义上是有的，中高层是一块，普通员工是一块，除了这一块，我们部门里面自己会根据本部门的业绩，自己部门会拿出一个建议来，向公司申请多少钱，内部做个考评，主管决定。

我们这些中高层管理者，公开的年终奖这一块，老板也会论功行赏。他可能也没有很明确的数据决定谁好谁坏，但他心里有个判定。

发红包时，家族内的员工应该会多发一点，我们老板比较重感情，但是具体情况我们不知道。

问：有没有家族内部的成员年终红包会多一点？

应该有吧，这个我们管不了，我们确实也不知道给了别人多少钱，因为我们老板是比较重感情的。

现在的人更多想的是工资涨一点，其实工人和企业信赖感蛮弱的，我觉得 Title 对他们吸引力不是很大。

问：那公司从成立到现在，薪资结构有没有比较大的变革？

去年我们就变革了，整个工资提高了，处于发展的需要，原来我们只在周浦一个厂，江阴一个厂，后来在金山搞了一个大厂，老板考虑企业做大了，就开始规范一些东西，以前都是一人一薪的。

我和我的员工会做大量的沟通，至少认可我的理念和决策等，这样当实施一项制度、决策等，他们的执行力就很好。我会在日常工作中，告诉员工更多关于公司的事情、如何为人处世等，以免他们和其他员工或领导发生摩擦。

问：您平时管理权限、工作自由度大吗？您觉得，其他管理者是否和你一样呢？

他们都有一层一层的关系在里面，所以工作上的限制还是蛮多的。而我由于分管信息技术，部门特殊，其他人也不懂，所以感觉自由度还是蛮大的。

问：您平时如何管理下属？如何做到高效率？

他们进来之后和他们讲清楚，下一步要做什么，要学什么，基本上我也会告诉他这个状态，然后会给他们一个期限，多长时间内你要达到什么状态。我觉得我做得很明智的是和他们有大量的沟通，他们至少从内心认可我，认可我的时候还有一个好处，当我要做一个决策或发布一个命令的时候，不管对错，他会严格去执行，他会接受，接受了之后会发现效率很好，如果发现接受我错了的，改起来也很容易，因为大家思想是同一的，至少他在找到我一点错误的时候不会纠缠太久。

问：公司是如何对员工进行绩效考评的？

我们是由部门负责，我的工作只能看个人的感受，没办法量化。如果和主管关系不好，绩效考评可能也会受影响，只不过是由主管考评的，所以你要和主管关系不好的话，也会受影响的。

我们也有一些量化的东西，比如生产部的考核、销售部的考核，我的电脑系统里都是可以翻出来的，比如我销售业务完成得怎么样、利润率怎么样、生产部门的产量、新品的投放实行率，还有产品的质量的比例，都有一些数据，他们会拿这个去考核。

绩效考评是由部门负责的，生产部、销售部员工可以直接量化考核。我们部门无法具体量化，但每个人的工作贡献大小，我还是很清楚的。主管和员工的关系不好，影响会很大，尤其在我们这样一家讲人情、重关系的公司。

问：那你有没有经常找这个员工谈话，让他改进为人处世这方面？

就拿我自己来讲，我这个工作不是等到有问题才解决，我就不让他发生这种事情，因为我的员工我不光教他们做事，还要教他们做人，进来以后我就会告诉他怎样做，因为我一直提倡一种服务型的观念，你的客户就是各个部门、上级领导，你如果因为个人性格而影响工作的话，那马上就表现出来了。

问：员工工资，您一般是怎样对他们进行调整的？

工资是跟着岗位调整或变化，跟着他的学历调整，但是还有一部分是在我手上，我决定的，而我又是很公正的，看他们的业绩，我不会大把发钱让他们觉得钱好挣，同时也不会让他们觉得努力了也挣不到钱，都是很客观的评价，然后拿到钱之后我们根据他们的业绩论功行赏。

问：有没有员工操作失误给公司造成影响的？一般情况下会怎么处理呢？

经常会有，一般不会开除，罚款，因为这些失误往往是工人违反操作规则，技术经验不老到，只有道德败坏的我们才会开除，比如恶意破坏公司物品、设备。

对于员工工作中的失误，一般是提醒，次数多了会罚款，但是一般不会开除，只有那些道德败坏，恶意盗窃或破坏公司财务的人才会开除。只有在某个反面典型要拿来批评时，会考虑到关系影响，但不太多。

问：公司有没有一项工作需要几个部门通力合作的情况，这时公司会做一些特别安排吗？

蛮多的，我们部门与各个部门天天打交道，所以我们很忙。高端的领导 PPT 不会做，也要找我，凡是搭界的，都找我们。

像你说的情况（重要的商务谈判、客户开发），我们老板挑选人选时，他会直接出面，或会派几个相互互补的人过去，如有的人懂专业知识，有的人沟通谈判能力强，但是一锤定音的那个人，一定要是老板信得过的人。

问：如此多的接触和联系，如果忙碌时，那你和其他部门经理沟通会不会有困难？

会有矛盾，但是你只能选择忍耐，把话说得更白，把要说的内容缩减，比如你一个问题说不清楚，你可以分成三个问题，先解决一部分，再解决其他问题。

问：你们公司信息共享实行到什么程度？

很好，有信息系统做平台，我们业务上发生的所有数据，比如物料、应收账款、客户信息，都能通过这个平台为各个有权限的部门共享。

问：整体员工相处氛围融洽吗？非正式群体多不多？

和政治联系的拉帮结派没有，但是人以群分的状况还是有一点的，就是一起玩的比较多，也没有影响到工作。

问：对于非常重要的员工，公司会用什么手段留住你们？

多给你点钱，或者情感上多关心关心你。老板本身他也是实干家，他的理论也不成体系，至少我认为他没有我这种口才，不会把东西一套一套讲出来，无法形成自己的理念或思想来影响下属，所以他也不会选择这样去弄，但是张三李四家里谁有困难了，他也会去关心一点。